願景夥伴

和仁達也
Tatsuya Wani　著
趙鴻龍

解決問題，

先從理出盲點開始！

Professional Thought Organization
Make your opponent ally instant Four Steps

前言　處理工作和人際關係，思考整理就占了9成！

本書的思考整理術，是獻給那些「想要消除心中煩悶」的人，諸如與客戶、部下、朋友、家人諮詢而獲得感謝的人，或是希望能與客戶建立良好關係的商務人士。

不論資格證照、經驗和知識量多寡，從學習當天就能立即活用，應用在職場工作和私人生活中都能取得成果。能夠為重要的人寄一分心力解決煩惱，想必能得到對方的感謝吧。

我在二十七歲時，以管理顧問的身分獨立創業，至今已過了二十三個年頭。現在，我憑藉這套思考整理術深獲客戶的信賴，奠定了獲得高額報酬並簽訂持續超過十年的顧問契約工作模式。我的年收入已超過三千萬日圓，而且這樣的收入也維持長達十五年之久。

諮詢顧問雖然是「透過諮商，解決顧客問題」的職業代表，但這種職業所要求的能力，並非傳授成功模式或是專業的知識。在這個重視多元性的時代，正確答案不必然只有一個；換句話說，現在的成功模式，在短短幾年後就會跟不上時代而派不上用場。

更進一步說，假若對方沒有提出需求卻主動給予建議，反而會讓人感覺多管閒事。頂尖的諮詢顧問，不會給出任何不必要的建議，而是和對方一起思索，一同找出真正的問題所在，讓對方自行找出解決方案。

而這一套解決問題模式背後的原動力，正是本書所要介紹的「思考整理術」。

目前，我除了為自己的客戶提供管理諮詢服務之外，我也向全國超過一千名的諮詢顧問專員傳授「和仁流」的諮詢方法。在獨立創業後的二十年間，同時出版了十四本書，並且透過內容網站和電子報等管道，提高傳播效果。

本書會把我的活動核心——專業諮詢顧問的思考整理術，盡可能簡單地傳授給所有商務人士，以便各位得以運用在日常生活當中。

職場自不用說，我私人生活的人際關係也有所好轉，得到許多人的好評。

這套思考整理術的獨特之處，就在於**進行諮詢時，諮詢顧問的心中並沒有正確的答案**。

可是，只要依循著我所設計的「思考整理的四個步驟」，透過不斷提問，再添加一些「著眼點」、「案例故事」、「圖解」等調味料，不斷開展對話，解決方案就會在幾十分鐘後於眼前展開，簡直就像尋寶之旅一樣妙趣橫生。

若再進一步針對解決方案來做思考整理，就能從「解決表面問題」的階段，轉移到下一個「發現並關注尚未注意的課題」的階段；這樣一來，想必對方和自己都會對此興奮不已吧。

諮詢顧問的工作，就是整理顧客的全部思路。這麼說一點也不為過。

為什麼當年我這個二十七歲的年輕小伙子，沒有頂尖實績、知識量也稱不上專家級的條件下，以諮詢顧問的身分創業，且持續活躍了二十年之久呢？其理由在於，我並非運用專業知識，以高高在上的姿態提出建議，而是期許能和客戶一起解決問題，不斷磨練思考整理術的緣故。

尤其在思考整理的過程中，「著眼點」是與成果直接產生巨大關聯的決定性因素。可以說依據著眼之處，就足以決定成果的豐碩與否。

在此以一則小故事為例。一九九一年，青森縣的年輕果農因來勢凶猛的十九號颱風肆虐，導致大量的蘋果受損。但是他們並沒有把焦點放在「如何活用摔落的九成蘋果」，而是著眼於不向絕對不利的逆境屈服、沒有因颱風而掉落的那一成蘋果的「強運」，並且鎖定日本全國考生為客群，打著「不會掉落的蘋果」這樣的宣傳標語推出販售，最終大獲成功。

從這個實例可以看出，只要有好的著眼點，甚至可以把悲劇變成成功的故事。

除了「著眼點」之外，本書還各用一章的篇幅，針對「思考整理的四個步驟」、「案例故事」、「圖解」等各個環節加以說明。

我希望能藉由本書，毫無保留地傳授「專業的思考整理術」，且各位讀者都能巧妙地分別運用這些武器，與重要的人商量，從而獲得對方的感謝。

相信本書一定會對你的工作和生活有所幫助。

二〇二一年十月　和仁達也

序章

整理思路，就能從疲勞中獲得解脫！

第1章

整理思路前，需要先知道的事前準備

第2章

讓對方不由自主動起來！思考整理的四個步驟

第3章

整理思路時要觀察哪些地方？
——七個著眼點

第4章

當思考整理停滯不前時怎麼辦？
——案例故事

第5章

思考整理的可視化——圖解

第6章

提高思考整理速度的「抽屜」增加方法

★編輯協力／大畠利恵
★圖版製作／林田直子
★內文設計、ＤＴＰ／三枝未央
★插畫／たかやまふゆこ

序章

整理思路，
就能從疲勞中獲得解脫！

●專業的思考整理術的四個步驟

本書提出的「專業的思考整理術」，是一種前所未有的思考整理方法。以往的思考整理是用來整理自我想法的方法，當沒有整理好思緒或感到鬱悶的時候，這種方法可以讓自己的頭腦變得清爽。

本書提倡的是將這種方法應用於對方身上，整理對方思考的「最強方法」。

專業的思考整理術只需要記住四個步驟。首先介紹這四個步驟（參照下頁的圖0－1）。

步驟1　確定標題
步驟2　了解現狀
步驟3　勾勒理想
步驟4　尋找條件

圖0-1　專業的思考整理術的四個步驟

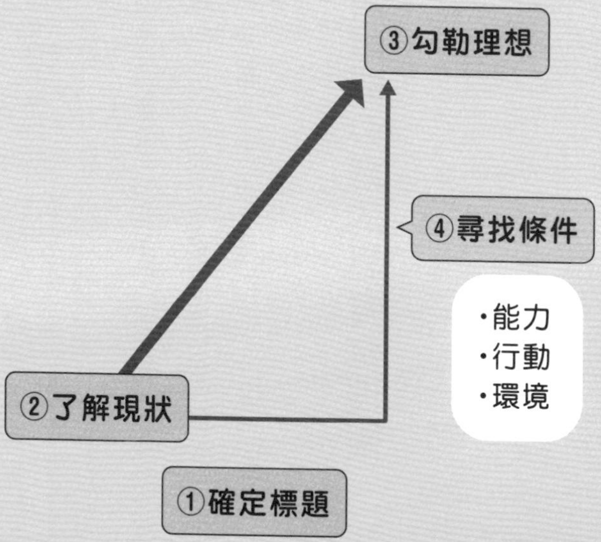

描繪三角形的圖，同時按照順序執行這四個步驟，對方鬱悶煩躁的思緒就會變得清爽起來，自己的心情也會跟著變得舒暢！

或許你很難相信，在過去二十年裡，我已經使用這四個簡單的步驟整理過許多人的思路。我自己親身實踐並實際感受到效果，因此想藉由這次機會介紹給大家。

其實不需要什麼困難的技巧，詳細內容就留待第二章詳述。

希望大家務必試著實踐這四個超級簡單、馬上就能嘗試的步驟。

●讓對方逐漸敞開心扉的思考整理術

各位最近是否有過精神疲憊、筋疲力盡的時候呢？

不管是和別人面對面聊天，抑或在社群軟體上打字交談，總是擔心「如果說這種話對方會怎麼想」、「萬一被人討厭的話該怎麼辦」，似乎有愈來愈多的人因此感到疲憊不堪。

在此，本書提出新的交流方法，實現「從疲勞中獲得解脫」。

如今不謹慎的言行會在網路上迅速擴散開來，失敗和失誤還會永久留在網路上。即使是不經意的發言，也可能會被指責為「騷擾」；想要發表不被任何人視為問題的言論，實屬一件難事。

不管多麼小心，也要努力地將失誤或失敗的機率降為零，這確實有點累人吧。

何況現在甚至還有人說「只要說加油就會將對方逼到絕境」。想要鼓勵煩惱不已的人，或是想讓他振作起來，卻不知道該說什麼才好，你是否曾對此感到猶豫呢？

本書所介紹的「專業的思考整理術」，正是一種可以有效地讓我們從這種人際關係的疲勞中獲得解放的心法。

目前為止，我長年來以管理顧問的身分，站在開辦諮詢顧問培訓補習班和舉辦研討會的立場，已聽過不少人的煩惱。順便一提，我把對方認為對自己非常重要的真正煩惱稱為「心中的困擾」。

一般人聽到諮詢顧問，可能會產生一種提出劃時代的創意，讓企業戲劇性重振的印象，但我既沒有提過任何創意，也沒有拿出解決方案。

我只是幫助對方導出那些問題的答案罷了。有一次，我才意識到這個過程其實是在整理對方的思路。

「自己的腦袋不是只有自己才能整理嗎？」也許有人會這麼想。

可是，人心並沒有如此單純。因此，或許有人會求助於算命或宗教信仰，有的人則會尋求諮商等他人的協助。

本書所介紹的專業思考整理術，可以幫助對方從鬱悶的心情中解放出來。

雖說是整理對方的思路，卻非使用心理上的技巧來進行操縱的方法。我所實踐的是不需要特別技術的方法。

這個思考整理術之所以能輕鬆運用，就是因為我們不用煩惱「該說什麼來鼓勵對方」、「該用哪些話來激發對方的幹勁」。

★「專業的思考整理術」
是從管理諮詢的過程中誕生

沒有提出嶄新的點子或建議，只需整理一下對方混亂的思緒即可。這樣一來，對方就會慢慢地敞開心扉。

舉例來說，假設對方正為「和上司處得不好」而煩惱不已。

試著聆聽內容，只聽見對方不斷發出「上司討厭我」、「完全不聽我的意見」這類牢騷。

這時，一般的做法會採取「那還真是辛苦」、「你又沒做錯什麼」等帶有共鳴的溝通方式。一旦口無遮攔，不小心說出「上司不是也很忙嗎？」之類的話，對方反而會認為你在「偏袒上司」，從而迅速地關上心房。

當整理對方的思路時，既不需要共鳴，也沒有必要說出自己的意見。

「為何你會認為上司討厭自己？」

「你希望聽到什麼樣的意見？」

「你想和上司建立怎樣的關係？」

像這樣在一問一答的過程中，對方會逐漸冷靜下來，隨即一掃陰霾，說出「這樣啊，不然找個時間和上司談談吧」這個自己找到的答案。

★通過提問，
讓煩惱逐漸「可視化」
?

心情一旦舒暢，對方可能會告訴我們：「等我和上司談過之後再告訴你結果。」這樣一來，因為自己獲得對方的信任，就能建立起良好的溝通。

自己沒有壓力，加上對方向我們敞開心扉，因此可以在零風險的情況下愉快地進行溝通。

這就是專業的思考整理術的效果。

即使沒有鼓勵對方「加油」，只要進行思考整理，對方也能自己奮發圖強。同時也可以充分地讓對方知道自己和他站在同一邊，對方應該也會成為自己的夥伴。

專業的思考整理術將成為未來的武器，堪稱是最強的溝通術。

●消除對方焦躁鬱悶心情的唯一方法

從前有個朋友說想介紹一個人給我認識，後來我們三個人一起吃飯。

酒過三巡，氣氛差不多緩和下來後，朋友告訴我：「你能稍微聽聽看這傢伙的事嗎？總覺得他最近好像沒什麼精神。」於是我便接受了。

聽那個人（以下暫稱A先生）說，他經營著一家科技公司，業績不錯，員工也有所成長，如今已能放心地將工作都交給員工處理。

正常情況下，這種一帆風順的良好狀況根本沒什麼事值得煩惱。

然而，A先生卻嘆著氣抱怨道：「總覺得最近老是沒有幹勁。」

「恕我冒昧，您的身體是否有什麼狀況？」

聽到我的問題，他答道：「沒有，我的身體狀態很好，就是一直覺得提不起幹勁。」

「您的府上最近有遇到什麼不如意的事情嗎？」

「沒有，家裡倒還順利。妻子身體很健康，平時在家裡開插花教室，兒子不久前順利地通過考試。」

「那很好呀。請問您像這樣提不起幹勁已有多久的時間呢？」

「差不多最近一年。」

事業順利，家裡沒有問題，看似也沒有健康上的煩惱。

為了弄清楚Ａ先生在為哪些事煩惱，我試著問他：「現在有什麼讓您雀躍期待的事嗎？」

「應該沒有吧。」

「為什麼？」

「最近就算去公司也閒得發慌，工作很輕鬆。」

工作輕鬆到令人稱羨，但對本人來說似乎覺得非常空虛。

「兩、三年前會這樣嗎？」

「兩、三年前的話，我花了不少精力在教導員工和解決問題上。」

「當時工作很有幹勁？」

「是啊，去公司也很開心。不像現在員工都能獨立作業，我頂多只需要偶爾回覆員工發來的電子郵件報告。就算去了公司也只是看看情況就立刻回家了，感覺閒得無聊。」

「公司就像是你的容身之處嗎？」

聽見我說的這句話，Ａ先生頓時露出訝異的表情。

這位Ａ先生是因為「在公司沒有容身之地」才感到鬱悶。

於是我用自己的經歷告訴他說：「我在出來獨立創業約十年的時候，也曾有過因為看不到下一個目標而失去幹勁的時期，您目前或許就是處於這樣的時期。」聽完我的經歷之後，A先生問我：「您大概花了多久時間才擺脫這樣的狀態？」

我告訴他：「我在發現下一個目標之前，大概花了三年左右的時間。」

於是，A先生像是忽然想起什麼似地說道：「這麼說來，當年我在外面的公司上班時，也曾有過一段時間完成工作之後突然失去幹勁，心情變得十分鬱悶。那時只要調到別的部門，精神就會振作起來。」

這個話題到此結束，後來我們又閒聊了幾句，接著便解散聚會。

之後過了幾天，我收到A先生傳來的電子郵件，他在信中感謝我說：「托您的福，我又恢復精神了！」

看到這裡，或許有人會納悶：「A先生是如何解決這個問題？」

說不定還有人認為：煩惱是解決了，卻沒有得出結論不是嗎？不錯。當時我所做的只有

「整理思路」，而不是解決煩惱。

在對話的過程中，我只是詢問對方的情況，不斷地拋出問題。頂多只有分享自己的經驗，完全沒有提出任何相關的建議。

儘管如此，我依舊讓A先生的心情變得舒暢，繼而自己找到了解決方案。

實際上我並沒有問A先生是如何克服這個問題的。

因為我認為這不是身為局外人的我應該插手的事，只要A先生自己思考如何採取行動，事情就能迎刃而解。

要是我在對話的過程中提出「除了公司之外，找到一些興趣怎麼樣？」這類建議，恐怕對話就會在「說得也是」這句話後劃下句點。

在無法全盤了解事態的情況下，只是聽了幾句話就提出解決方案，這樣的話對方即使不表現出來，心中也會覺得「事情哪像你說得那麼簡單」。

就算沒有提出解決方案，也能輕鬆消除對方的焦躁和鬱悶，這個方法就是「專業的思考整理術」。

圖 0-2　思考整理不需要建議

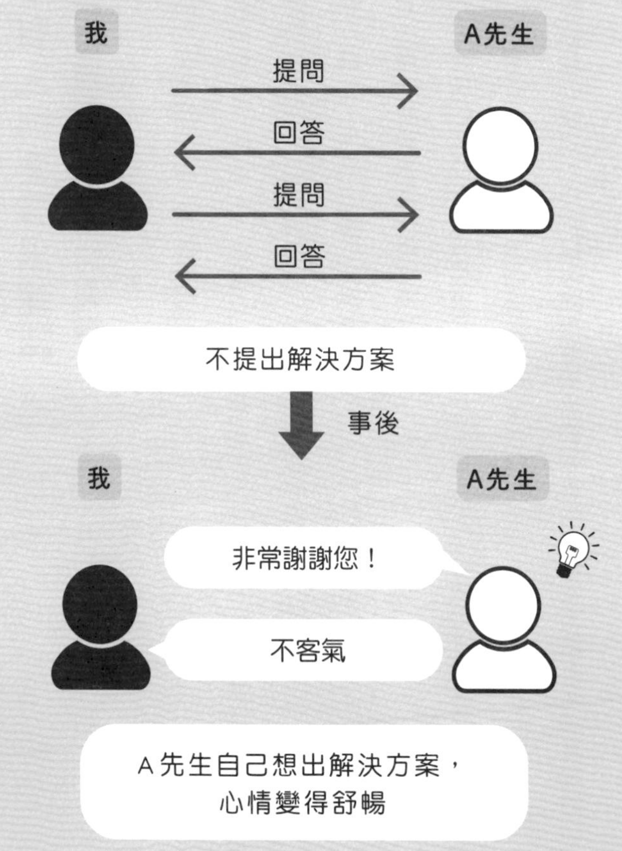

不是所有人都會尋求建議

～我開始整理對方思路的契機

如果各位面前出現煩惱的人，你會怎麼做呢？

感同身受地聆聽對方的煩惱，一邊說著「那還真是辛苦」、「我能理解你的心情」，一邊向對方建議「這樣做不就好了」。收到對方的感謝，也許會覺得自己做了一件好事。

然而，次數一旦增加，各位不覺得很累嗎？

何況，這樣真的能夠解決對方的煩惱嗎？

至今為止，我以管理顧問的身分接觸過不少經營者和員工，也透過研討會或培訓班認識了許多諮詢顧問。經常有人找我傾訴煩惱，我最常聽到的問題就是「我該怎麼做比較好」。可是，當面對這些問題的時候，用我自己的角度給出答案，我認為這麼做不太恰當。

例如，假設我向經營者提出「對那位員工建議這麼做您覺得如何？」這樣的建議。之後的做法大致可以分為兩種類型。

一種是按照建議試著付諸實踐。

這又能分為讓客戶開心地表示「工作十分順利」，以及被客戶大罵「完全不符期待」兩種模式。不管最後是哪種情況，結果都變成是我的責任，也無法提升當事人的解決能力。這麼一來，對方只會變得更加依賴，導致雙方都無法建立良好的關係。

另一種是聽到建議卻不去執行。

當得知客戶沒有任何實際行動的時候，我會大失所望地在心中想著：「虧我這麼努力給你建議！」對方也是一樣，聽到建議卻不去執行，心裡不免有些過意不去。這樣一來，雙方心中都會產生嫌隙。

最終，這兩種模式都不會帶來好的結果。

我當年還是資歷尚淺的菜鳥管理顧問時，曾有一段時間認為只要給對方提供一些建議或提案，就能討對方的歡心。

由於我和某家公司的社長關係還不錯，因此我便幫忙構思行銷計畫的點子，並提出如何推廣該公司產品的建議。

本以為這麼做能讓對方高興，卻沒想到那位社長竟一臉不悅地對我說道：「這不是我期待和仁先生做的事。」這句話使我相當震驚，腦袋頓時一片空白。

我曾經透過擺脫隨意記帳的方法，幫助那家公司解決資金周轉上的困難，也曾協助過他們建立願景和任務。不過社長大概是不希望我對產品開發和行銷販售這兩個他最擅長的領域多管閒事吧。

那家公司本來就是社長一手創立，他是自己選擇凌駕於他人之上的一國一城之主，所以當然不喜歡別人對自己的做法說三道四。從那次以後，除非有人要我提供建議，否則我不會多管閒事。

不僅是這位社長，大部分的人也都抱有同樣的想法。

向上司請教工作方法固然沒什麼問題，但當上司說出「你要是能再稍微認真工作的話就會變得更好」這類針對工作態度的話時，大部分的人都會覺得「自己被上面的人唸了！」從而將心封閉起來。即便上司是為部下著想才提出建議，部下也無法理解上司的用意。

正在閱讀這本書的各位讀者，你是否也曾面臨過無法坦率接受他人建議、心情變得複雜的經驗呢？

我想人類基本上都不太喜歡聽到他人的建議吧。

我接受過來自許多人的煩惱諮詢，最終得到「**煩惱的答案就在對方心中，卻隱藏在當事人看不見的盲點裡**」這個答案。

不是當事人自己想出的解決方案，而是由我提出建議，我覺得對方的心裡或許並沒有想像中的那麼舒暢。

在接受煩惱諮詢的過程中，看到對方靈機一動，以豁然開朗的表情說出「啊，這樣做不就好了！」的瞬間，我才明白了這個道理。

要是對方受到焦躁和鬱悶的心情所影響，除非對方自己解決，否則不會感到舒暢。

如果是這樣的話，那我的角色是什麼？

圖0-3　煩惱的答案就在對方心中

自己
對方
你要這麼做比較好！
惱火！
人類不喜歡被他人建議
我
A先生
我不會給出答案，只會幫忙整理
啊，這樣做不就好了！
透過整理思路，
一起尋找隱藏在盲點中的答案

答案就是「整理對方思路」的嚮導。

這時我才意識到，我既不是顧問，也不是老師，我只要徹底扮演好嚮導的角色，幫助焦躁煩悶的人調整思路即可。

●不需試圖改變對方，整理思路即可！

我之所以希望大家實踐整理對方的思路，是因為如果能做到這一點的話，就能讓自己變得輕鬆。

作為上司的人，為了指導部下，應該會閱讀指導方法的書籍、建立工作機制、思考能夠達成的目標，或者嘗試各式各樣的方法吧。

近年來，一對一的會議已然成為主流，指導部下的時間愈來愈多。

縱然如此，部下也有可能不會主動行動，或者無法取得預期的成果。

就算沒有指示部下行動，也沒有要求部下做出成果，只要部下能自己動起來並做出成果的話，就能讓上司感到非常輕鬆。

專業的思考整理術可以將其化為可能。

例如，假設有個總是以百分之八十的精力投入工作的部下。要是再多努力一點的話，那名部下就能完成百分之一百二十的工作，但他只願意將工作做到差不多就好，導致上司感到焦躁不耐煩。

遇到這種時候，上司該怎麼做才好？

許多上司多半會語帶誠懇地提點部下「你應該能做得更好」，設法提升部下的工作動力。有些上司會以「工作這玩意兒就是……」這類精神論來灌輸部下，或是用半帶威脅的語氣對部下說：「照現在這樣下去很難加薪喔？」

不管怎麼說，這些都是試圖努力改變對方的做法。

這不是一件容易的事。

改變自己這件事本身就很難，改變他人更是難上加難。無論怎麼說服和指導，對方仍沒有改變，這麼一來，就會隨著原本期待的程度而變得更加沮喪。

沒必要去試圖改變對方，只需對其進行思考整理，對方的觀念就會自然改變。

面對只付出百分之八十精力的部下，一味地告訴對方「加油」、「拿出全力」，也不會引起對方的共鳴。

「你對目前的工作分配，感覺充實度大約有幾成？」

「目前為止，充實度最高的時候為百分之幾？」

試著利用這些問題來詢問對方，對方也會自然地改變自己對工作的態度。

只要進行思考整理，就能發現之前從未發現的問題點，並意識到自己真正想做的事。一旦察覺到這一點，就會自己思考解決方案，自己做出行動。

所以，就算不去說服或指導對方也沒關係。

只要解開對方混亂的思緒，使其腦袋不打結就好，不必夾雜著個人好惡即能解決。

一面觀察對方的臉色，一面斟酌不讓對方感到不高興的言詞——可以將這些顧慮統統拋到腦後。思考整理不會傷害到任何人，也不會引起任何人的不悅，可說是一種能讓所有人都獲得幸福的溝通方式。

不只如此，思考整理還包括不與對方產生共鳴，也能引起對方共鳴的優點。只需把對方的話總結成「也就是說，山田先生現在所處的狀況聽起來是這樣，這個理解正確嗎？」對方就會產生共鳴並回答：「對對，就是這樣！」

不是建議，而是用確認對方所處狀況的語氣詢問「應該是這樣吧」，即可感受到對方產生共鳴。

這樣一來，後續的發展就會變成「想告訴這個人更多的事情！」「這個人可以理解我的想法！」從而使對方打開心房。這也是「共鳴」的一種。

因為很難認同對方所說的一切，如果想要發自內心地產生共鳴，可能會讓自己變得身心俱疲。話雖如此，倘若只是表面上說「我能理解你的心情」以表示自己深有同感，內心不會覺得有點內疚嗎？

在整理思路的時候，不必非得勉強自己感同身受，因此可以「從疲勞中獲得解脫」。

圖0-4　思考整理不需要感同身受

自己
對方
逞強
不能讓對方不開心！必須產生共鳴！
傻眼
不勞你費心
努力反而不如預期順利
事後
冷靜以對
變得很有幹勁
現在的狀況可以稱作是萬事順遂嗎？
對對，你說得沒錯！
只要整理腦袋就好

透過思考整理，就算利用網路也能降低疲勞

專業思考整理術的優點在於網路也能使用。

我和客戶或培訓補習班的學生進行網路交流時，也會整理思路。

在新冠疫情爆發後，不少企業都導入了遠端辦公的工作方式。不必每天到公司上班，不用搭乘人擠人的電車，可以按照自己的節奏工作；儘管好處多多，但也出現網路上才有的煩惱。

在網路上溝通，不僅難以得知對方是否充分理解自己的意思，也不容易掌握談話的切入時機，甚至出現和對方同時發言的窘境。

既難以輕鬆閒聊，也無從得知對方的反應，更遑論聊得起勁了。我常聽說有人在結束線上會議後累到不行，這是因為要顧慮的地方比起面對面交談多了好幾倍。

像這類疲勞也可以透過思考整理來減少。

思考整理最重要的不是「自己說什麼」，而是「讓對方說什麼」。

因此，只要能讓對方敞開心扉說話，自己就不必思考如何婉轉地交談。

以一對一的溝通為例，如果是面對面的話，就必須選擇方便對方談話的場所；反觀網路溝通的優點在於，對方和自己都能選擇周圍沒有人的地方，所以比較容易交談。

在自己家中交談能夠更加放鬆，也更容易聊平時無法談到的隱私及嚴肅話題吧。

在這種情況下，如果能夠整理對方的思路，就能讓對方敞開心胸，覺得自己「還想再和這個人多談談」，說不定效果比當面交談還要好。

最近人們和初次見面的人在網路上洽談或面談的機會變得愈來愈多，這對於不擅長與人溝通的人來說是個很好的機會。

在現實生活中，為了緩和對方的情緒而閒聊，但必須一直看著對方的臉說話，所以會讓人感到緊張；反觀網路溝通是雙方都有明確目的才會連線交談。

就算馬上進入正題也無妨。把資料放在螢幕旁邊，交談時完全不必盯著對方的臉。

舉例來說，保險業務員在接觸初次見面的客戶時，除了：

「保險方面有沒有遇到什麼困難？」

「多少預算沒問題？」

這類固定的問題之外，

「為何您會認為現在沒有需要呢？」

「十年後您希望和家人一起過什麼樣的生活？」

只要像這樣稍微深入提問，對方的思考就會逐漸得到整理。

和對方直接接觸時很難聽到的話題，有時也能隔著螢幕問出來。不擅長溝通的人，不妨試著利用網路來進行思考整理。

★在思考整理中，
「讓對方說什麼」很重要

〈直接對話〉

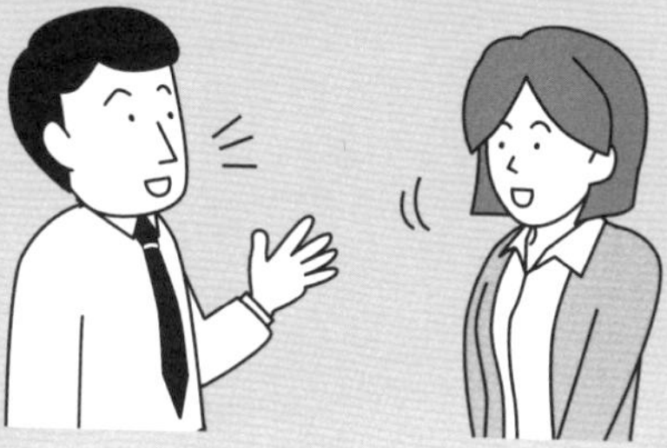

〈網路對話〉

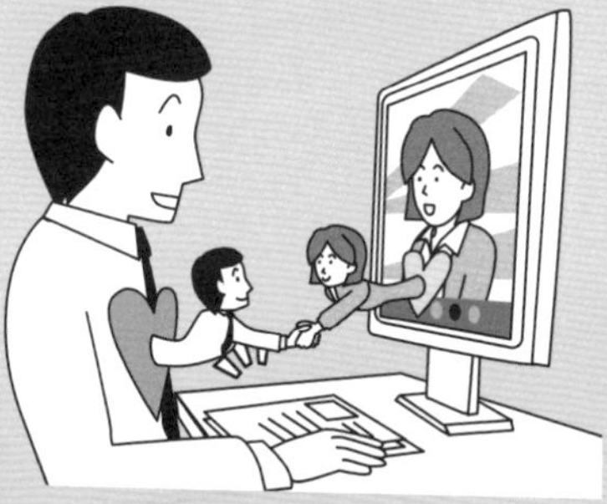

透過網路反而可以
敞開心扉說出真心話

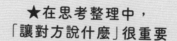

●無論是工作或私人生活！只要整理對方的心態，所有人都會站在自己這一邊

專業的思考整理術，是從工作到私人生活都能廣泛活用的技術。無論在任何場合，只要整理對方的思路，就能獲得對方的信賴，使其站在自己這一邊。

整理思路還有下列幾個好處。

・讓對方覺得「還想再聊下去」

思考整理也可以用於客戶或顧客身上。

話雖如此，比起為了從對方的手中取得契約而整理思路，更希望是用來弄清楚對方心中的困擾（對本人而言非常重要的真正煩惱），以此找出解決方案。

其結果就是建立信賴關係。

如果顧客是因為「公司的業績沒有起色」而煩惱，這時不是提出「要不要考慮一下新的事業？」等建議，而是從「您是從何時開始有這種感覺？」的方向切入，朝著正確掌握狀況的方向進行對話。

你說不定會發現，自己其實並非擔心公司的業績，而是因為培養不出接班人而煩惱。

俯瞰並正確地掌握自己所處的狀況，這樣就能讓自己真正的困擾變得清晰起來。掌握正確的狀況，可以幫助我們整理煩亂的心情。

這麼一來，想必對方就會敞開心胸告訴自己：「談過之後煩惱便一掃而空，我還想和這個人多聊聊。」

・部下行動時會開始獨立思考

為了成為稱職的上司，為了讓部下動起來，於是學習領導統御，學習如何帶領團隊，把交辦工作的理由告訴部下，令其在完成工作後給予反饋……，應該有些上司會嘗試各式各樣的方法吧。

這種方法當然也能發揮不錯的效果，但是對上司的負擔太大，導致無法長期堅持下去，往往會停滯不前。

況且，要是做到這個地步，部下仍沒有動起來的話，上司就有可能被貼上「缺乏領導能力」的標籤。

這樣一來教上司情何以堪呢？

山本五十六有一句名言：「不做給別人看，不說給別人聽，不讓別人嘗試，不給予讚美，別人就不會動起來。」

上司能做到這一點固然了不起，但如果是帶領很多部下的話，不太可能為每個人做到這一點。更何況，當今這個世上，即使做到這個程度，有時也無法讓別人行動起來。

這是因為人們除非自己認同，否則難以付諸行動。

特別是現在的年輕世代，雖然有些人會帶著滿腔熱忱認真工作，但也有人抱持著「為什麼這個工作非得由我來做？」的想法，在消除這種煩悶的心情之前不會採取任何行動。

因此，要不要試著擺脫山本五十六的做法，嘗試新的分派工作方式呢？

我認為**讓對方說話，整理對方的思路，如果不讓對方察覺，對方就不會採取行動**。

如果採取的是整理對方思路的方法，即使不刻意叫部下動起來，他們也會自己行動。

如果是為了讓部下自己行動起來而將工作交給對方，可能會讓部下感到壓力，反而什麼事都做不好。

與其如此，不如對部下進行「在作業過程中，有什麼問題或在意的地方」、「要是完成這份工作，會成就什麼樣的自己」這類思考整理，只要部下自己產生幹勁，就能發動引擎，使其做出行動。

・能讓喜歡的人產生「希望在一起的時間更多」的念頭

很遺憾，我和妻子認識的時候還不知道專業的思考整理術，要是那時知道的話，說不定能談一場更戲劇化的戀愛吧（笑）。

不管怎麼說，比起男性，女性似乎更願意傾聽他人的煩惱。

然而，男性往往會給予類似「這麼做比較好」這樣的建議，哪怕談戀愛時也不例外，不過這並非大部分的女性所需要的。

和建議相比，女性更傾向於「希望只聽我說」或尋求共鳴。因此，如果隨便給予建議，反而會導致女性情緒低落。

就連我也曾經好幾次被妻子罵過「我又不是在問你的意見」……。

因此，當有女性要諮詢煩惱時，我覺得幫助對方整理思路是皆大歡喜的做法。即使沒有給出建議，女性也會自己找到解決辦法，說出：「我這麼做就沒問題了！」並以「謝謝你聽我說話」這類的話來表示感謝。

這樣一來，對方就會敞開心胸，產生「想告訴他更多」、「想和他在一起」的念頭，從而加深愛意。

反之，女性對男性進行思考整理也很有效。

男性可能很少會吐露自己的煩惱，但如果表現出「你看起來沒什麼精神，怎麼了？」「工作上發生什麼事了嗎？」這樣的態度，對方就有可能把心事說出來。大多數男性自尊心都很強，比起建議，整理思路一定更受歡迎。

即便沒有表現出共鳴，男性也會覺得「對方願意了解自己」，坦誠相待的可能性很大。

・可以解決家人的煩惱

思考整理對家人的困擾也有幫助。

舉例來說，我經常聽到夫妻因為家事分擔的問題而吵得不可開交。如果雙方都各執一詞，問題便永遠解決不了。

這時假若丈夫試著詢問妻子：「妳對現在的我有哪些不滿？要是有我沒注意到的地方，我願意改進。」這時妻子應該會不滿地回答：「你成天只顧著自己，假日也跑去打高爾夫球或喝酒，完全沒有問過我的意見。我也有自己的工作，下班後還得一手包辦所有家事，你不覺得這樣很奇怪嗎？」

這時不要急著反駁，而是試著用同理心跟妻子說：「原來妳有那麼多不滿啊，很抱歉沒注意到妳的感受！妳覺得我該怎麼做比較好？」

這樣比較容易讓妻子退讓一步，她可能會回答：「我希望你休假的時候別老是去打高爾夫球，稍微分擔一些家事。我沒有要你負責所有家事，但希望你能對家事多少負點責任。」

又或者當孩子因為學校的事情而煩惱，就是思考整理派上用場的時候。

尤其青春期的孩子有著各式各樣的煩惱，不太會向父母敞開心扉。這時只要利用專業的思考整理術，就能消除孩子滿腦子的煩惱，讓孩子向父母傾訴心事。

只要善用思考整理，就能減少家庭對立，讓家庭關係變得美滿。

・受到朋友和後輩的依賴

與老相識、朋友、同好社團以及鄰居之間的交流等，在這些私人往來中也試著活用思考整理吧。

例如，社團裡的老成員和新成員之間產生對立，即將走向分裂的時候。

向大家提出「滿足哪些條件，大家才能維持這個社團呢？」這樣的意見，即可一邊進行思考整理，一邊讓大家冷靜下來。在交換意見的過程中，如果能達成「還是大家一起維持吧」

圖0-5　思考整理可帶來5個好處

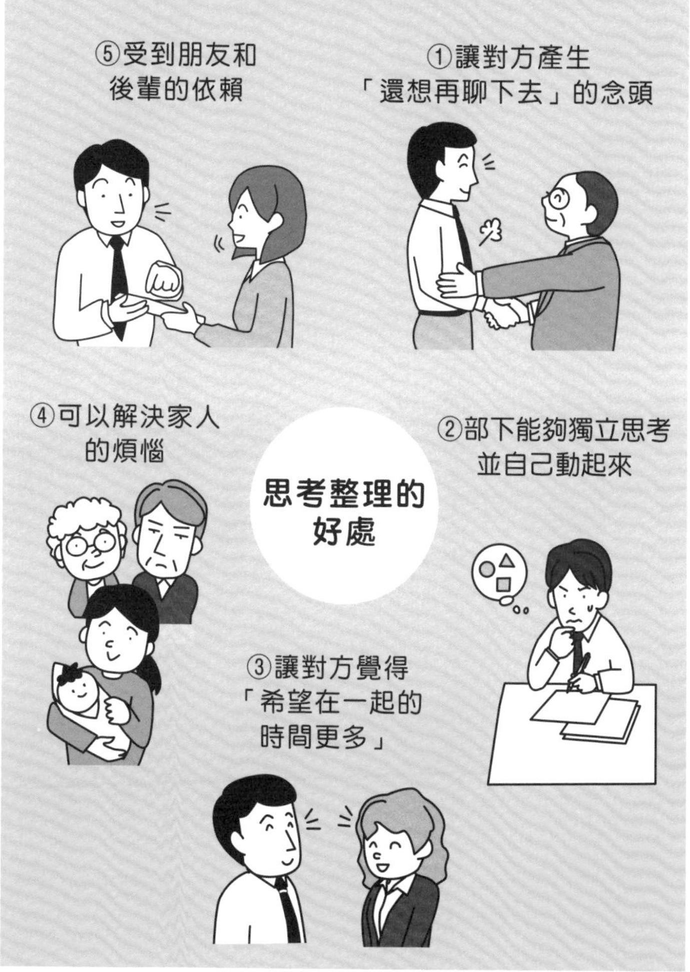
⑤受到朋友和
後輩的依賴
①讓對方產生
「還想再聊下去」的念頭
④可以解決家人
的煩惱
思考整理的
好處
②部下能夠獨立思考
並自己動起來
③讓對方覺得
「希望在一起的
時間更多」

的共識，或許就能產生不打不相識的團結感。

如果該提的意見都提出來了，最終仍無法修補彼此的嫌隙，那麼分裂又何嘗不可。即便如此，只要不是在鬧得不歡而散的狀態下分道揚鑣，應該也能以正面的態度重新開始。

在這種場合，對所有人進行思考整理，即使不用「大家一起加油吧！」的鼓舞方式讓大家團結起來，也能讓大家自然而然地認為「這個人真靠得住」。

大家聽完覺得怎麼樣？

專業的思考整理術，在各式各樣的場合都能發揮驚人的效果。

具體的做法會從第二章開始介紹，首先將整理對方的思路之前最好了解的內容放在接下來的第一章說明。

第1章

整理思路前，需要先知道的事前準備

思考整理可以整理兩件事

專業的思考整理術可以同時整理兩件事。

透過整理①狀況（事實），來調整②感情。

我個人的例子很適合拿來說明，所以容我在此介紹一下。

以前我的母親有一天打電話告訴我：「常光顧的那間藥局讓我今天很不高興。」藥師告訴母親說藥費是兩千兩百日圓，母親付了一萬日圓給對方，結果只找回兩千八百日圓。母親告訴對方：「我付了一萬日圓，你少找五千日圓給我。」但對方語氣很堅定地回答：「沒有，我都找給妳了。」

兩個人不斷爭執著「找零不夠」、「都找了」，後來母親用強硬的語氣告訴對方：「你看看收銀機內是不是有一萬日圓的紙鈔？」對方承認「確實有」，這才終於心不甘情不願地拿出五千日圓的紙鈔還給母親。

即便如此，對方仍沒有道歉說這是誤會，而是擺出一副「無法接受」的態度，使得母親帶著悶悶不樂的心情回到家中。

偏偏這時藥局又打電話來家裡，母親原以為一定是對方打來道歉，結果對方卻說：「後來不管怎麼算，五千日圓就是對不上。」

接下來又是一連串的來回爭執，眼見這樣下去沒完沒了，母親便強行將電話掛斷。氣得火冒三丈的母親隨即打電話給我，她在電話中說：「剛才遇到一件氣死人的事！」

這時母親其實已經拿到該找的錢，所以問題本身早就解決了，她只是心情上無法接受自己被找麻煩這件事。

為了整理事實關係，我試著問母親幾個問題。

我：「妳的錢包裡有多少錢？」

母親：「出門買東西之前，我很確定自己在裡面放了一萬日圓的紙鈔。」

我：「妳是把錢放入錢包裡才發現找錯錢的嗎？」

母親：「不，我正準備拿找零盤上的零錢時才發現沒找齊。」

我：「所以，對方也有看見妳沒有拿多出來的錢吧？」

母親：「我不知道對方有沒有確實看見。」

我：「妳付了一萬日圓的紙鈔，這件事對方也承認了吧？」

母親：「嗯，他有承認。」

到目前為止都是狀況整理。我當時人不在場，為了確認事件的始末，因此試著詢問母親狀況。母親在回答我的問題的過程中，也開始冷靜地回想當時的狀況。

母親：「這麼說來，之前那個人也曾對我說過很失禮的話。」

我：「是嗎？既然發生過這種事，妳為何還要去那家藥局光顧呢？」

母親：「只是因為那裡離醫院最近罷了，我看以後不去那家藥局好了。」

我：「是啊。說不定還會找到更好的藥局，或許現在正是不去那家藥局的最佳時機。」

母親：「是啊，我會這麼做的。」

母親最後一派輕鬆地掛上了電話。

母親只是因為「離醫院最近」這樣的理由，壓抑心中的不滿去那家藥局消費；那個店員卻給了母親不再上門光顧、尋找更適合她的藥局的契機。

這時，在根據事實整理狀況的過程中，情緒也跟著獲得整理。如果不進行思考整理，而是直接說出「要不要換一間藥局？」這類結論，母親可能會反駁道：「話是這麼說，可是我這一年都是去那間藥局光顧欸。」反而導致意見不受採納。

人類一旦沒有整理情緒，即使聽到正確的言論，也會不禁想要反駁。

當怒上心頭的時候，狀況和情緒通常會處於一片混亂的狀態。

以這個例子來說，即使母親一口咬定「那家藥局的人懷疑我在說謊」，也只是她自己的看法，有可能與事實不符。因此，關鍵在於將狀況和情緒分開，分別進行整理。

人類即便無法坦率接受他人說的話，也會老實地遵從自己決定的事情。所以，最好的方法是引導對方自己找出答案。母親的例子雖然只是日常生活中的小事，但家人之間發生類似的摩擦時，也可以用來練習整理思路。

再舉另一個例子。比如部下和客戶發生糾紛的時候，經常會報告「真抱歉，對方很生氣，我認為再也無法繼續合作下去了」這樣的結論。

在這種情況下，若對部下說出：「你是不是有什麼地方做錯了？」這類責備的話，或者告訴部下：「總之去道歉，乞求原諒。」這樣什麼問題都解決不了。

要是部下情緒激動地認為「已經無法和對方做生意了」，那麼第一步就是先讓他冷靜下來。

「可以先告訴我，是因為什麼專案挨罵？」

「對方說了什麼？」

「聽到這些話，山田是如何回答的呢？」

圖 1-1 思考整理從兩件事開始整理

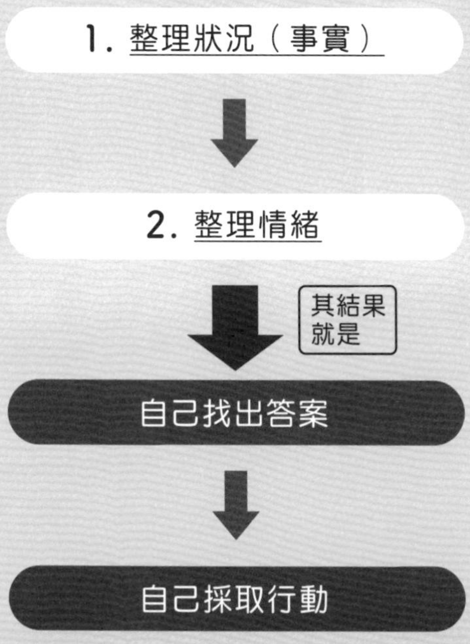

「你覺得是在什麼時候雙方開始一言不合？」

「對方只有負責人一人嗎？有沒有其他相關人員？」

像這樣根據事實對狀況進行整理。接著再詢問對方。

「山田，你現在是如何看待對方的？」

「為何會演變成這樣？」

「對方是如何看待我們的？」

「對對方也好，對我們也好，最好的解決方案是什麼？」

按照這樣的方式，情感也能化為語言。縱然不提供建議或說服，部下自己也會很快地找出解決的方法。

結果或許會被客戶終止合作也說不定。即便如此，如果部下能夠自己想到「再試著和對方談談」、「我有些地方沒做好，所以必須向對方道歉」，並採取行動的話，也可以說是很大的進步不是嗎？

● 整理思路時有兩種提問方式

整理思路時所使用的提問方式，可分為**開放式提問與封閉式提問**。開放式提問是讓對方自由回答的問題；封閉式提問是以YES或NO一次性回答的問題。

舉例來說，對於每個職場都存在的問題員工，一開始可以試著進行溫和的封閉式提問。

「最近有遇到什麼困難嗎？」

如果對方的回答是YES，那麼就混合開放式提問和封閉式提問。

「是什麼事呢？」

「有想到什麼對策嗎？」

「你認為這麼做最好啊。」

圖 1-2　提問大致可以分為兩種

開放式提問

・不提供選項，讓對方自由回答

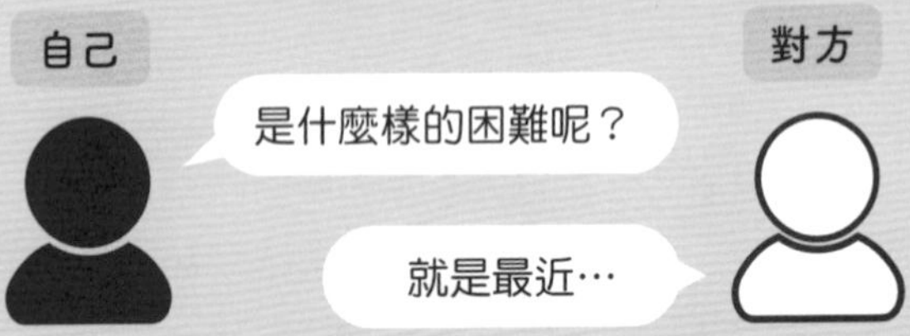
自己
對方
是什麼樣的困難呢？
就是最近⋯

封閉式提問

・提供選項，或讓對方回答 Yes 或 No

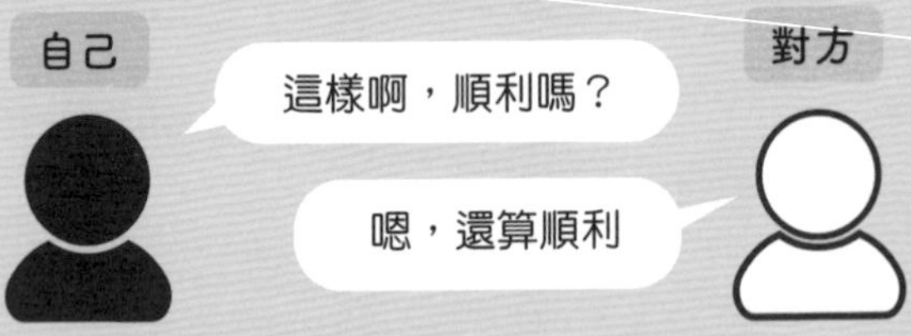
自己
對方
這樣啊，順利嗎？
嗯，還算順利

按照這個方式進行提問，就能夠整理對方的心緒，從而得出自己的答案。

如果對方的答案是ＮＯ，那就問他：

「是嗎，很順利啊。」

「現在的充實度差不多有幾成？」

像這樣不要問得太過深入，直接了當地詢問。只要能在對方的心中激起一絲漣漪，就足以帶給對方思考的契機。

無論在何種情況下，都不說出「你對工作的想法是不是太天真了？」這類自己的意見。因為這對對方而言不是建議，而是在否定自己。

總而言之，無論出現詢問過後得到什麼樣的答案，都不要反射性地直接否定，先接受「原來還有這樣的想法」這個事實吧。

●在說與聽之前，先考慮場合

正如序章中所介紹的，本書所傳授的思考整理術只要按照四個步驟進行，是任何人都能做到的簡單方法。

在整理思路之前，事先做好幾項準備，就能進行得更加順利。

「**營造安心、安全、正面的氛圍**」，就是準備工作之一。

在對方對我們抱有戒心的情況下，想要進行思考整理根本是痴人說夢。為了營造讓對方覺得「可以放心把自己的真心話告訴這個人」的氛圍，營造安心、安全、正面的環境將有很大的幫助。

舉例來說，我經常以諮詢顧問的身分參加許多公司的會議。

在某間公司的會議上，我看見只有社長講話，員工都靜靜聽訓的場景。由於那位社長是屬於比較嚴厲的人，因此員工都表現出一副惴惴不安的樣子，擔心自己「要是多嘴的話可能會

圖 1-3　阻礙思考整理的「心理壓力」

會議成了社長的獨角戲

和部下劃清界線的上司

遭到批評或否定」。

在這樣的氛圍中，各位覺得會產生好的意見或正面的想法嗎？

整理對方思路的時候也是一樣，如果自己面無表情地雙手抱在胸前聽對方說話，這樣會帶給對方一種壓迫感，導致對方什麼話也不說。正因為如此，我們應該對自己的態度會給對方或周遭帶來什麼樣的影響有所自覺。

不過，整理思路的場景有時也會突然出現在眼前。部下在我們專心辦公的時候走過來問道：「有件關於A公司的事情想和您商量一下。」這時各位會選擇怎麼做呢？

手沒有停下來，也沒有轉頭看著部下，只是盯著電腦螢幕反問：「嗯？有什麼事？」這樣當然會讓部下難以啟齒。

若要讓對方敞開心扉，我們必須營造出這裡是安心、安全、正面的環境氛圍。

為了營造安心、安全、正面的氛圍，下面將向大家介紹兩大重點。

也就是「表情」和「語句選擇」。

1. 表情

笑臉是讓對方感到安心、安全、正面的表情。

身為諮詢顧問的我，深深體會營造氛圍的重要性，所以我會利用鏡子或手機照片來確認什麼樣的笑容「讓人感到自然」、「能夠營造安心、安全、正面的氛圍」。

根據著名的麥拉賓法則（The rule of Mehrabian），人物的第一印象是在初次見面的三到五秒內決定；在這些資訊中，有五五％來自視覺，三八％來自耳朵，七％來自說話內容。

絕大多數的資訊皆是透過視覺獲得，所以最好檢查一下自己是否皺著眉頭或嘴角下垂。

現在透過Zoom等軟體進行網路會議的機會愈來愈多。**只要抬頭看看螢幕，即可隨時檢查自己的表情，非常方便**。

2. 語句選擇

選擇什麼樣的語句可以營造出安心、安全、正面的氛圍呢？當然就是「肯定語」。

當對方說「有件關於A公司的事想跟你商量一下」的時候，如果我們回答「好啊，怎麼了？」的話，對方應該會繼續說下去。

然而，假如以冷淡的語氣反問：「喔，什麼事？」反而會讓對方有股不被信任的感覺，繼而變得難以交談。人類能夠敏銳地察覺到細微的氛圍變化。

所以，在整理思路的過程中，只要**以「不是很有趣嗎」、「很好」、「再說給我聽」、「原來如此」這類肯定語進行對話**的話，對方會更容易敞開心扉。

反之，如果使用的是「可是那樣的話」、「不會太勉強嗎」、「應該很難吧」等否定語，對方就會逐漸地關上心門。

只要注意表情和語句的選擇，就能營造出安心、安全、正面的氛圍；如果在坐姿或談話的場所下一番功夫，事情還能進行得更順利。

3. 坐的位置，站的位置

整理思路的時候，與對方面對面坐著，有可能會讓對方感到壓力。所以，如果是圓桌的話

圖 1-4 營造安心、安全、正面氛圍的訣竅

我會選擇斜坐在對面；如果是方桌的話，我會坐在與對方呈九十度的位置。肩並肩坐著最容易讓對方打開心扉，但在四角形的四人餐桌上突然坐在對方旁邊，可能會讓人感到有點奇怪吧。

這時如果是在咖啡廳或酒吧的吧台聊天，坐在旁邊就不會顯得不太自然。或者**透過兩個人同時看著筆電說話的形式來產生必然性**，自然能夠並肩坐在一起。

站著傾聽時，基本上也大同小異。實際上，坐的位置和站的位置，也有在無意識間與對方建立關係的效果。

正面相對會形成有如對立的景象，即使沒有意識到，也很容易產生想要騎到對方頭上的心理。若想和對方處於對等的立場上，最理想的方式就是並肩站立。

4. 場所和氛圍

找個能一對一安靜對話的地方最為理想。尤其當談論嚴肅的話題時，如果周圍有很多人的話，當然不容易開口。選擇公司的會議室、附近的公園、能讓人安心聊天的咖啡廳等場所進行交談吧。

一起吃午餐的時候，或者回家途中的電車內，如果突然出現需要整理思路的場面，只要向對方確認「在這裡直接說沒問題嗎？要不要換個地方？」這樣就萬無一失了。

只要注意這幾點，就能營造出安心、安全、正面的氛圍。

如果可以的話，**平時營造安心、安全、正面的氛圍，這樣就能隨時隨地整理思路**。

對於平時關係不太好的人，對方應該也不想和我們商量什麼吧。如果嚴厲的上司過來說道：「我對你的業績很在意，最近找個時間聊一下吧。」想必這時心裡一定會暗自叫苦。「會被說什麼呢？最近業績不好，大概會挨罵吧！」於是像這樣提心弔膽地和上司面談。

像這個時候，切入點就很重要。

上司：「現在做了約三個月的業務工作，你自己覺得狀況如何？」

部下：「嗯，感覺不太順利。」

上司：「這樣啊。我認為做得不順利、不太好的理由有很多，如果可以的話，下次要不要開個作戰會議呢？在我的經驗中，或許有可以作為參考的例子。我覺得如果能抽出時間整理一下腦袋的話就沒問題了，不知你意下如何？」

部下：「那就麻煩您了。」

這裡的重點在於選擇「整理腦袋的時間」這句話。之所以刻意選擇「整理腦袋的時間」這種說法，是因為如果告訴對方「教你一個對你很有用的方法」，會讓對方感覺高高在上，很難對你敞開心扉。

不過，若說成「整理腦袋」的話，由於上司並沒有說要提出建議，能給人一種暢所欲言的印象。

只要平時養成這樣的互動，對方就會覺得「和這個人聊什麼都可以」。這樣一來，對方或許就會用自己的腦袋思考並採取行動。

整理思路的一切都與營造安心、安全、正面的氛圍息息相關，這麼說一點也不為過。

● 零浪費！打造無話不談的環境

以前發生過這麼一件事。

那是我在某間製造業公司開會時所發生的事。該公司的社長是一位作風強勢的人，員工都對他敬畏三分，有話也不敢直說。因此，每次會議都是社長單方面說個不停。

這樣的話，不但員工的創造性無法得到發揮，會議也變得毫無效率。

於是，我以諮詢顧問的身分向社長提出建議。

「下次的會議能讓我來主持嗎？請社長坐在後面的位置靜靜觀看。」

得到社長的同意後，下個月的會議就在我的主持下召開。主題是「關於業務改善」。

剛開始的幾分鐘內，我說了一些緩和氣氛的話，隨後向大約二十名成員詢問：「平時大家在現場都是做些什麼來提高生產效率、討顧客歡心呢？」

起初沒有任何人發言，因為社長就坐鎮在會議室後面；大家大概是心想「要是等會兒被說什麼就麻煩了」，故而躊躇不決。

這個尷尬的場景也在我的意料之中，所以我便以開玩笑的語氣說道：「社長正雙手抱胸在後面看著，想必各位非常不容易開口吧？」想藉此緩和一下緊繃的氣氛，不想到果真有人率先提出自己的意見。

這個人提出的意見或許任何人都想得到。然而，要在會議上鼓起勇氣說出自己的意見，本身就是一件相當可貴的事。

聽完這句話後，另一個人接著說：「聽了剛才的意見，我想到……」第二個人說完意見後，第三個人又跟著發言，然後第四個人舉手發言。

像這樣**利用前面的人的意見來拋磚引玉，引出其他意見的現象，我稱之為「砌石效果」**。就像平坦的石頭不斷向上堆疊一般，前面的人的意見成為提示，意見不斷堆疊起來，這個現象就是砌石效果。

當時的第二十個意見是非常不錯的點子，這個點子受到採納，所有人決定「在下個月之前嘗試看看」。

圖 1-5　以團隊進行思考整理的「砌石效果」

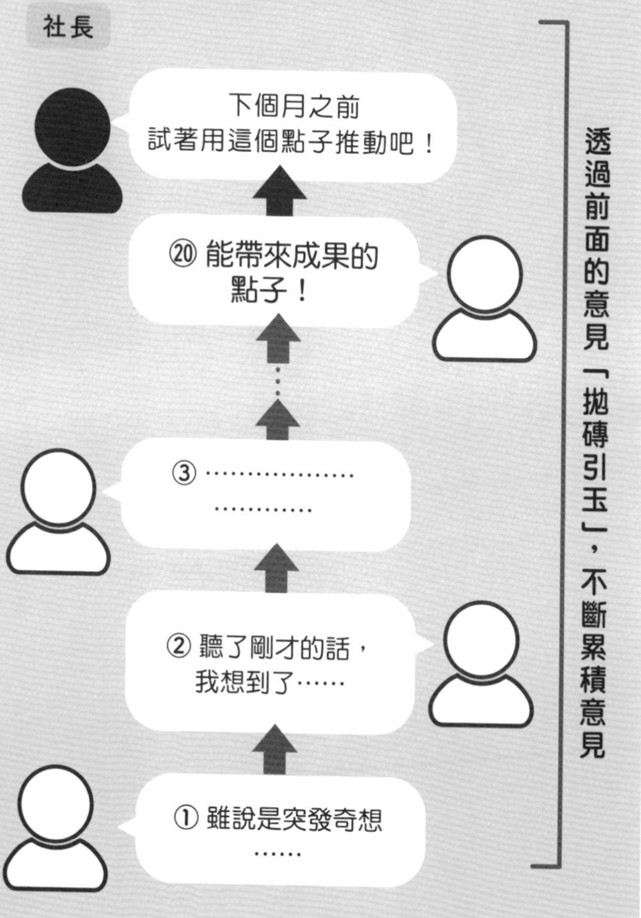

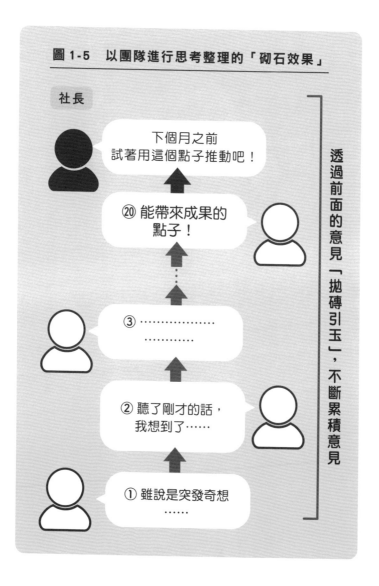

社長一臉訝異地看著所有人不斷發表意見的樣子。

他的表情就像是在說著「我一直以為這群員工不懂得自己思考，原來是我營造出這種讓人難以啟齒的氛圍啊。」

後來試著實施第二十個點子之後，不僅受到顧客的好評，營業額也跟著提高了。

那麼問題來了。

第二十個人的意見帶來了成果，這是誰的功勞呢？提出第二十個意見的人？一開始發言的人？

不對，功勞是屬於「在場的所有人」。

第二十個意見的出現，多虧第十九個人起了不錯的頭，第十九個人則是因為第十八個意見而累積出結論。

往前追溯回去，就會發現正是因為有了第一個鼓起勇氣發言的人，石頭才能愈疊愈高；如果這二十個人中少了一個人，就有可能抵達不了最終的點子。

同時，這也多虧了耐著性子靜靜坐在後面忍住不說話的社長。雖是自賣自誇，但在那次會議中，負責主持會議的主持人（當時是我）創造出安心、安全、正面的氛圍，可以說對成果也做出了貢獻。

在我看來，這是通過在場所有人的團隊合作所取得的成果。

除了砌石效果之外，還有另一個「棄石效果」。

在會議中，石頭未必只會不斷地往上堆高，有時也有人會說出不著邊際的話。

我認為這些意見也有著重要的含義。

例如，在汽車製造商的會議上，所有人一起討論新車應該使用什麼顏色。第一個人想出「白色」，第二個人想出「藍色」，或許還會出現「七彩」之類的意見也說不定。

「雖然無法使用七彩，但如果車上有雲朵圖案的話，也許看起來會很可愛」。就是因為出現「七彩」這個想法，才讓我們想出這個意想不到的點子，這就是棄石效果。

這麼思考的話，可以說在安心、安全、正面氛圍的對話中，「沒有任何一個意見是多餘的」。只要利用砌石效果和棄石效果來進行思考整理，就能一步步帶出對方的話。

對於對方好不容易得出的答案，以「誰知道呢？」這樣的否定語氣來回應，石頭就會在瞬間崩塌。

但如果是用「這個點子不錯，還有想到其他點子嗎？」這種方式不斷堆起石頭，想必最後就能達到美好的目標。

「那是指A嗎？」即使自己問的內容離題，對方也會幫忙改正說「不是的，那是指B」。這也是A這個棄石引出的答案。

此外，**為了做到砌石和棄石，營造安心、安全、正面的氛圍是不可或缺的**。因為具備容易討論的氛圍，對方才會幫忙堆起石頭，最好要有這樣的意識。

圖1-6　離題也能發揮正面作用的「棄石效果」

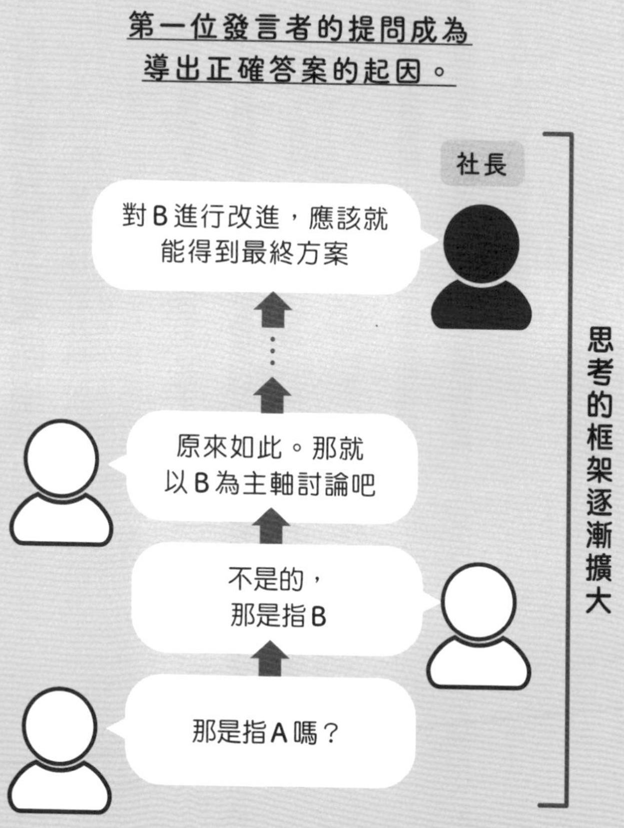

●每個人心中都有的三大困擾

心理學家阿爾弗雷德・阿德勒（Alfred Adler）說，人生所有的煩惱都是人際關係上的煩惱，可以歸納為「工作、交友、愛情」三大課題。

我根據管理顧問的經驗，認為有強烈成長慾望、員工人數不到三十人的中小企業社長所面臨的「心中三大困擾」有以下三個。

①公司的資金流動情況未明，難以預測未來所造成的壓力

②與員工立場不同產生「危機感偏差」所造成的壓力

③看不見下一個令人興奮的願景的壓力

第一個是金錢的煩惱，這符合阿德勒所說的「工作」的課題。第二個是交友的課題，第三個也是工作的課題。

大家的煩惱差不多也符合阿德勒的三大課題吧。

我在以管理顧問的身分獨立創業之前，曾在一家為中小企業提供管理諮詢的公司服務。在這家公司工作的五年裡，我遇到不少中小企業的經營者；在與這些人談話的過程中，我發現經營者的煩惱可以歸納為這三點。

當然，實際上除了這三點之外，還有一大堆煩惱；有些煩惱會讓人徹夜難眠，有些可以立刻解決。

我將這些令人徹夜難眠、在腦中揮之不去的煩惱命名為「心中三大困擾」。在日常的諮詢工作中，我會從這三方面著手，來協助客戶解決問題。

其實，**不管對象是誰，只要知道心中的三大困擾，整理思路的時候就會非常方便。**

我曾在序章介紹過朋友介紹的A先生的故事，因為當時我已經知道經營者心中的三大困擾，所以在尋找煩悶原因的同時，才能推測出「這大概就是煩惱的原因吧」。

一旦有了頭緒，就比較容易找到「中心球瓶」。

中心球瓶是指保齡球比賽中立於最中央的球瓶。擲出保齡球時只要瞄準那個球瓶，打出全倒的機率就會上升。

人類的煩惱也是一樣，只要瞄準中心球瓶加以命中，就能找到正確的解決方案。然而，大部分的人無法靠自己的力量瞄準中心球瓶，往往認為煩惱源頭是排在後面的球瓶，才會導致問題遲遲沒辦法解決。

舉例來說，假設有個朋友正為「想換工作」而煩惱不已。

在詢問理由的時候，即使對方舉出「職場氛圍不適合自己」、「薪水太少」等理由，也不要全盤接受並提出這些問題的解決方案，而是先整理對方的狀況和情緒。

進行思考整理，假如中心球瓶是「無法做自己想做的工作」，就試著摸索解決方案。

舉例來說，在現在的公司和上司商量，得到自己想做的工作的委派機會，這也是一種解決方案。

另外，不拘泥於眼前，把時間軸一口氣拉長到三年左右，或許就會意識到現在的工作是對

圖 1-7 思考整理是尋找「中心球瓶」

預測中心球瓶
對方「心中的三大困擾」

① ....
② ....
③ ....

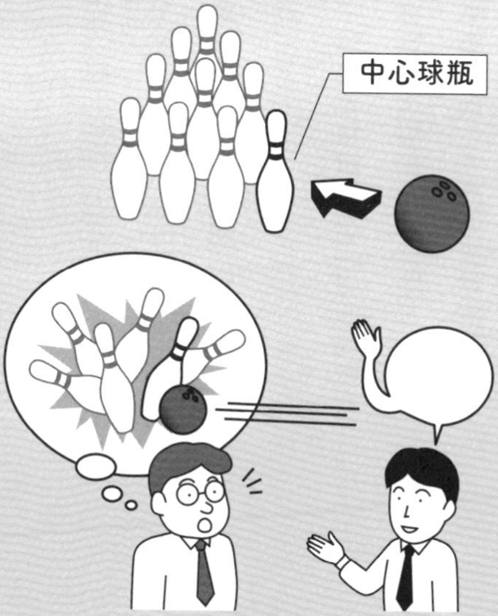

未來的先行投資，從而湧現出工作幹勁也說不定。就像當時我在公司上班的時候，明明想做的是諮詢顧問的工作，卻被分配業務工作一樣。

即使換了工作，以什麼為標準來挑選公司也會產生變化。

思考整理就是用來找出中心球瓶的方法。

而且，只要知道對方心中的三大困擾，就比較容易鎖定中心球瓶。

心中的三大困擾會根據職業、行業、職務和年齡的不同而改變。

我建議不妨從「這個職業的人大概有這些煩惱」、「到了這個年齡應該會有這樣的困擾」來試著思考看看。這個沒有絕對的正確答案，只要大致猜測就足夠了。

如果可以的話，不單憑想像，能夠直接詢問對方心中的三大困擾是最好的。

不過，詢問方式需要下一番功夫。若直接詢問對方「你心中的三大困擾是○○嗎？」的話，對方可能會心想「別擅自下結論」。

訣竅在於告訴對方「這種情況下，煩惱通常有三種」、「我認識具有強烈成長慾望的中小企業的社長都有三方面的煩惱」，這樣的話比較容易讓對方接受。

這三種煩惱可以根據自己以往的經驗法則，或透過調查書籍或網路等方式來制定。因為是用來堆放或捨棄的第一塊石頭，沒有必要非得是心中困擾的正確答案。

不過，試著進行思考整理後，有時會恍然大悟：「原本以為是工作上的難題，其實癥結點是私人生活中的煩惱啊。」

到底會得出什麼樣的答案，只有實際做了才會知道，所以千萬別輕易斷定是「三種之中的哪一種」，只要靈活應對，就能引出層次更深入的話題。

建立假設的同時聆聽

剛開始進行思考整理的時候，也可以直接問對方：「目前有什麼擔心或困擾的事情嗎？」我也不是打從一開始就知道經營者心中的三大困擾。如前所述，我是在與眾多中小企業經營者諮詢的過程中，才發現「這三種困擾占了絕大多數」。

所以，一開始不知道也沒關係。在不斷嘗試的過程中，就能漸漸地推測出「照這些內容看來，大概是因為這樣的事情而煩惱」。

話雖如此，如果在沒有任何心理準備的情況下聽對方描述，可能只能以「那還真是辛苦」之類的話來回應。因此，在建立某種程度假設的同時聆聽，這樣比較容易進行思考整理。

如果對方是部下、朋友或自己的孩子，那麼應該能輕易地假定對方有什麼樣的煩惱。要是部下表現出無精打采的樣子，可以懷疑「是否和新客戶的關係不太順利」。

但若是至今幾乎未曾接觸過的職業或立場，或者當對方是異性時，這種時候就比較不容易建立假設。

在這種情況下，詢問和對方相同職業和立場的人，調查這些人「哪些煩惱比較多？」這也是一個縮小煩惱範圍的好方法。

假設你認識了一家新創企業的經營者，希望和對方建立更密切的關係。

這時不妨試著參加新創企業的經營者聚會，詢問其他人「目前有遇到什麼煩惱嗎？」這也是一個好方法。另外，有不少人會在社群網站、部落格、書籍上發布資訊，我們也可以透過這些資訊，試著想像「這個立場的人原來有這些煩惱呀」。

這樣一來，可能就會發現「員工完全跟不上自己的幹勁」這樣的困擾。

以這個假設為基礎，試著整理對方的思路，如果順利的話，就能確定一個「新創企業經營者的困擾」。如此不斷重複，遲早可以找出心中的三大困擾。

我也是花了很長時間才找出經營者心中的三大困擾。反之，如果沒有仔細調查就斷定「部下心中的三大困擾」、「家庭主婦心中的三大困擾」，反而會對思考整理造成妨礙。

舉例來說，上司只要回想起自己身為部下的那段時光，就能大致預測出部下心中的困擾。

然而，現在每個世代的成長環境都大不相同，所以未必能套用自己過去的經驗。

為了探索這些問題，若能以嶄新的狀態來整理思路，就會發現「原來還有這樣的想法」。只要與多位部下保持互動，我想應該就能確定「當今部下心中的三大困擾」。

建立假設的時候，試著以**「這個人因為○○○（原因）而陷入△△△（煩惱的狀態）」**的方式來造句也是一種方法。

「這個人雖然成為第二任社長，上任至今卻沒有什麼實績，不受周圍的人信賴」，因此「感到非常沮喪」。

必須試著進行思考整理，才能知道這個假設是否正確，但比起在沒有任何線索的情況下聆聽，這樣自己更能從容地接受。

圖1-8　查明煩惱的假設建立方法

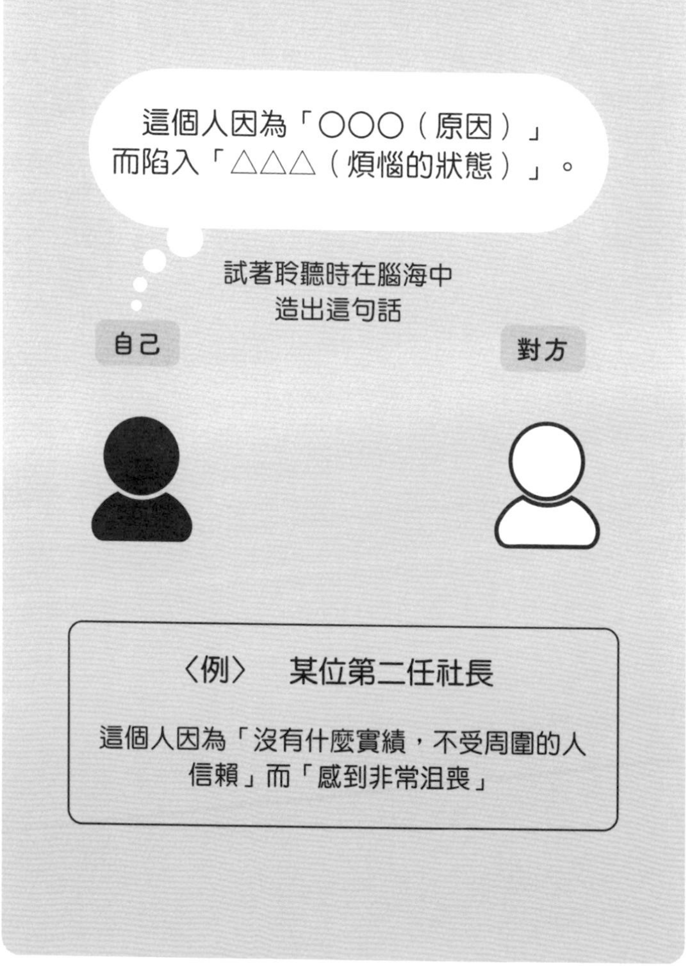
這個人因為「○○○（原因）」
而陷入「△△△（煩惱的狀態）」。
試著聆聽時在腦海中
造出這句話
自己
對方
〈例〉　某位第二任社長
這個人因為「沒有什麼實績，不受周圍的人
信賴」而「感到非常沮喪」

●決定成為「伴走者」

我在整理對方思路的過程中，會把自己當成「練習打網球的牆壁」。牆壁只是把對方的球反彈回去，不做任何攻擊或防禦。實際試著動手做就會明白，要成為一面牆壁其實相當不容易。聽了對方的話，不知不覺就會說出「那個想法怎麼樣」、「這樣做會不會更好？」以此表達自己的意見。

拚命忍住這個念頭，接受對方的話，回答：「為什麼你會這麼想？」「還有其他方法嗎？」這就是「牆壁」的功能。

心理學上有個名為「鏡面效應」或「鏡像效應」的效果。這是做出和對方同樣的動作，重複和對方一樣的話，就會讓對方產生親近感和安心感的心理效果。作為鏡像的時候，捨棄自己去迎合對方，以這樣的形象成為牆壁或許效果比較好。

尤其當自己是上司的時候，由於直接關係到自己的利益，在聆聽部下說話的過程中，往往會試圖將部下控制到自己期望的方向。

「你似乎對惹客戶不高興沒什麼感覺，但如果站在客戶的立場來思考，你會怎麼想？」一旦聽到這種問法，部下也會用「我的語氣不太好，想必客戶的心情不會太好」的說法講出上司想要的答案；不，應該是被迫說出來吧。

雖然這是上司滿意的答案，但部下的心裡會怎麼想呢？

即便問題確實出在部下身上，卻是被迫承認錯誤、誘導道歉，只會在對方的心中留下不小的疙瘩。

要是部下惹得客戶不高興卻無動於衷，很有可能是哪裡出了什麼意想不到的問題。為了探索這個原因，請別夾雜自己的意見，試著成為練習打網球的牆壁來整理對方的思路。

然而，如果「牆壁」的形象過於強烈，有可能變成只會簡短回答「然後呢？」「所以呢？」的應聲蟲，所以把自己想像成伴走者，就可以保持不錯的距離感。

如果對方陷入沉默，就好言相勸「是不是很難開口？休息一下怎麼樣？」或者詢問對方

「以前也因為同樣的事情發生過糾紛嗎？當時是如何處理的？」藉以擴大話題範圍，調整至讓對方容易整理思路的狀況。

伴走者不能自己跑到前面，也不能跑得太慢。訣竅是靠近對方，以同樣的速度奔跑，直到對方到達終點為止。

過快向對方提出結論或解決方案，只有自己覺得心情愉快。既無法消除對方的鬱悶和煩躁，也不會讓心情變得舒暢。

想要立刻提出結論或解決方案，可能是無意識地想爬到對方頭上並主宰對方的緣故吧。就算不這麼做，只要做好思考整理，讓對方心情舒暢，應該也能讓對方認同「這個人真厲害」。

比起引領者或指導者，當伴走者往往更輕鬆有效，希望大家都能享受在這個位置的樂趣。

然後，當心中有無論如何都想傳達的訊息時，透過提問讓全貌凸顯出來後，告訴對方「我想到一件事，可以說出來嗎？」以得到對方的許可。

這樣一來，對方就會用心傾聽，以良好的感覺來接受你給予的訊息。

圖 1-9 思考整理需要「伴走者」

自己
× 騎在頭上
對方
一旦試圖控制對方，
沒有人願意跟隨
○ 成為伴走者
自己
對方
靠近對方，
以同樣的步調一起跑，
對方就會敞開心扉

●以對方為出發點

能否順利整理對方的思路，關鍵就在於是否能「以對方為出發點」。

以對方為出發點，就是「以給對方帶來什麼樣的成果為出發點」的意思。

以自我為出發點，就無法順利整理好對方的思路。

整理對方的思路，心中卻想著「希望對方能按照自己的意願行動」，這就是「以自我為出發點」。

這麼做或許最終能導出自己想要的答案。然而，這並非對方真心期望的結果，所以有很大的機率會伴裝成表面上服從，或者假裝服從卻什麼也不做。

如果只是表面上服從，很快就會原形畢露。這樣的結果就意味著自己並非整理對方的思路，反而像是試圖操縱對方卻以失敗告終。

親子之間經常會發生這種情況。父母詢問孩子：「你希望怎麼做？」同時又說：「你或許會這麼認為，但我是這麼想的。」試圖把自己的意見強加在孩子身上。

例如即將應試的孩子老是不去補習班上課時。

假設父母一開始這麼問孩子：「那你想怎麼做？」孩子也回答：「我不想去補習班了，還是在家讀書比較好。」

「我能理解你不想上補習班的心情，但就是因為自己一個人在家無法讀書，所以才決定上補習班的不是嗎？」「馬上就要考試了，現在放棄好嗎？說不定會考不上理想的學校喔？」

父母應該會用這些話嘗試說服孩子。

我知道這麼說是為了孩子好，但這仍是以父母心中認為「沒考上就麻煩了」作為出發點。

先把考試的事情擱在一邊，以孩子為出發點試著整理思路，結果會怎麼樣呢？

父母：「什麼原因讓你不想上補習班呢？」

孩子：「嗯，自己一個人比較能專心讀書。」

父母：「這樣啊。你星期天在家讀書是不是比較有進步？」

孩子：「與其說讀書有進步，不如說這樣比較放鬆。」
父母：「補習班那邊會讓你緊張嗎？」
孩子：「補習班的人都在聊想唸的學校，我覺得很悶。」
父母：「因為是考前啊。」
孩子：「嗯，給人一股緊張感。」
父母：「這樣啊，難怪會讓人緊張。自己唸的話，不會受到周圍的人影響而打亂節奏，比較能以自己的步調用功讀書嗎？」
孩子：「嗯，差不多就是這樣。」

實際上，孩子往往無法準確地用言語傳達自己的想法，或許只會使用更抽象的表達方式。然而正是這點令父母感到無比煩悶。不過，假如父母能在這時適當地幫助孩子整理思路，就能引導孩子以自己的方式想好該怎麼做。

再繼續剛才的對話。

父母：「如果你覺得這樣能提高上榜機率的話，這或許也是一種方法。」

接受孩子的想法，列為選項之一，接著再提出「不上補習班還有哪些好處和壞處？」「從反方向想，繼續上補習班的好處和壞處有哪些？」等問題，一起透過言語整理思考。

最後可能會做出「還是再稍微努力一下去補習班好了」，或者「仍想在家讀書」的結論。即使孩子最終仍選擇後者，我也會尊重孩子的決定，用溫暖守護著孩子。

要是一個人在家讀書依然不順利的話，到時候再上補習班就好了。這些過程對孩子來說都是很好的體驗吧。

為了以對方為出發點，腦中最好經常思考對方處於什麼樣的狀況下，真實的感受和想法有哪些。

為此，不要一味地認定對對方有哪些好處是很重要的一件事。

不去斷定「孩子上補習班才有助於考上理想的學校」，而是從孩子的意見來思考「對這孩子來說有哪些好處」，如此才能朝著對方所希望的方向順利地找到答案。

以對方為出發點的訣竅，就是以「八：二」的比例，讓對方多多說出自己的意見。「九：一」的比例也無妨。

為了做到這一點，自己是伴走者的意識就顯得非常重要。

實際上，若能順利地進行思考整理的話，只要拋出「那是○○的意思嗎？」這麼一句話，對方就會說出：「就是說呀！我現在才注意到；與其說自己不擅長應付那個人，不如說討厭無法拒絕那個人的自己。就連上次也是……」像話匣子被打開一樣滔滔不絕說個沒完。

那就是思考整理成功的瞬間。

只要順利地進行思考整理，對方有時就會說出「我剛剛想到一件事」，像這樣把自己的想法說出來。

這就是透過砌石＆棄石所導出的答案。

因為我們不斷提問「那是這個意思嗎？」「如果那件事實現，你會看到什麼樣的景色？」才讓對方找到了中心球瓶。

當對方找到中心球瓶時，就會發生超乎我們想像的變化。這正是因為以對方為出發點進行思考整理才得以實現。

利用「開場白」，更易敞開心扉

「開場白」是我進行諮詢時的武器之一。

有沒有做開場白，對於客戶敞開心扉的速度有著天壤之別。這是一種即使是初次見面也能讓對方產生「想和這個人多聊聊」的想法的武器，希望大家務必嘗試看看。

舉例來說，假設大家到常去的醫院做健康檢查。

這時負責檢查的不是平時看診的院長，而是新來的醫生，心中不免會出現「咦？怎麼不是平時的醫生呢？」這樣的疑問。

由於只是健康檢查，或許看不出醫術有何差別，但難免會有種被輕慢的感覺，導致對那家醫院的印象有點變差。

這時要是新來的醫生先開口告訴我們：

「今天田中院長不在，由我代替他看診。田中醫生已經先向我說明上次的健康檢查結果，這次的結果我也會仔細地向田中醫生報告，這點還請您放心。如果有哪些在意的地方，請不要客氣儘管告訴我。」

聽到這樣的開場白，結果會變得如何呢？如果醫生想更拉近與病患的距離，只要在事前詢問院長就萬無一失了。

產生自己受到重視的感覺，想必就能放心地交給對方處理。

這就是開場白的效果。

我認為「**先說出口就是說明，後說出口就是辯解**」。

即使是說明同一件事，一旦順序不同，對方的反應也會大不相同。所以，愈是難以啟齒的事情，愈先說出來才更安全。

在整理思路的時候，對方的反應會隨著有沒有做開場白而改變。

假設有位顧客正猶豫是否應該重新評估保險，而找保險業務員商量。在這種情況下，如

圖 1-10　讓思考整理順利進行的「開場白」

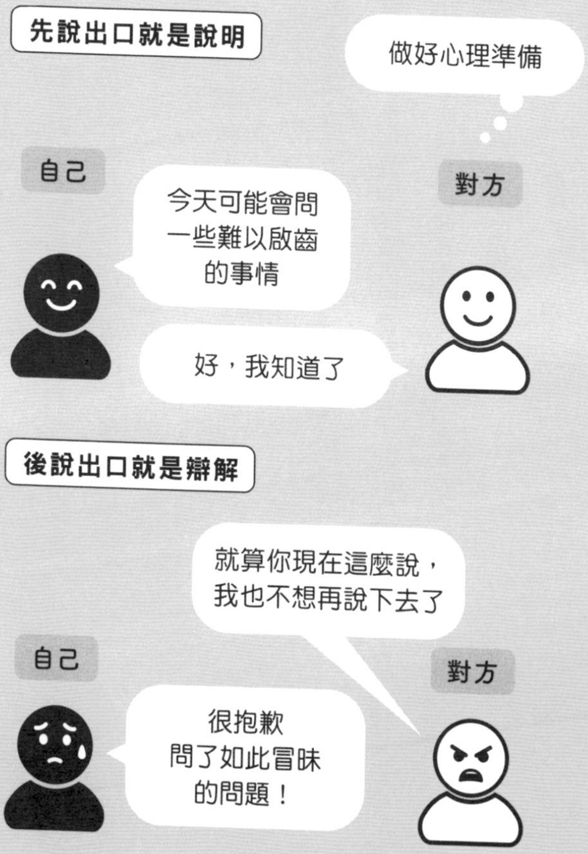
先說出口就是說明
做好心理準備
自己
對方
今天可能會問
一些難以啟齒
的事情
好，我知道了
後說出口就是辯解
就算你現在這麼說，
我也不想再說下去了
自己
對方
很抱歉
問了如此冒昧
的問題！

果保險業務員劈頭就說：「現在建議採用這個保險方案。」可能會讓顧客產生戒心而回絕：「不，我還沒有打算立刻更改保險。」

在進行思考整理的時候，要是直接詢問：「對目前保險的哪些部分感到在意？」可能會讓對方認為「要是被推銷昂貴方案的話該怎麼辦」，從而變得警戒起來。

這時開場白就是很有效的武器。

「我的顧客的煩惱大致可以分為三種。可以先讓我說明一下嗎？

第一種是買了自己不需要的保險，因為多餘支出而感到不安的人。第二種是考慮到自己的家庭結構和年齡，擔心沒買到該買的保險的人。第三種是把保險當成金融商品，煩惱金錢是不是拿去有效運用比較好，而不是存在銀行。

大致上可分為這三種，鈴木先生覺得自己比較接近這三種中的哪一種情況？還是有完全不同的考量呢？」

「嗯，應該很接近第一種和第二種吧。」

「這樣啊。」

「我現在想到第四種情況。如果保險費調漲的話，我覺得自己怎麼樣都無法維持現在購買的所有保險。我不知道刪減及保留哪些項目的取捨判斷標準。」

「我明白了。所以，第一種和第二種模式，還有第四種情況是目前鈴木先生遇到的問題，這麼理解可以嗎？」

「可以。」

說完這些之後，再開始介紹保險內容，這樣對方比較會坦率地傾聽吧。

與部下面談時，開頭先告訴對方：「今天可能會問一些難以啟齒的問題，你只要在能說的範圍內回答就好。」這樣對方就會事先做好心理準備，談起話來變得比較容易。

即使是如此簡單的開場白，有沒有說也會給對方帶來完全不同的印象。開場白也能成為讓對方敞開心扉的契機，可說具有無與倫比的效果。

● 擺脫完美主義吧！

「擺脫完美主義！」這句話對我來說就有如口號一般，我的客戶和學生在挑戰新事物的時候會經常使用。

如果把本書介紹的專業思考整理術完全記在腦海中，做好一切準備，打算在整理對方思路的時候再拿出來嘗試一番，這樣就不知道什麼時候才能派上用場。俗話說「熟能生巧」，如果大致理解的話，建議大家儘量在實際情況下不斷嘗試。

我也不是一開始就馬上學會思考整理，剛開始的時候老是處處碰壁。簡單地重述對方的話（參照第六章），反問「那是○○的意思嗎？」卻被對方糾正「不對，不是這樣」，像這樣的情況我已經遇過無數次。

即便如此，經過幾十次、幾百次的實踐之後，就會開始找出「人類在這種情況都會如此思考啊」這樣的共同點。

找到共同點，下次再遇到同樣的場景時，只要試著詢問「是這個意思嗎？」就會一口氣切中要點，得到「對對，就是這樣！」的答案。

如果在實踐的過程中猶豫不決的話，不妨請家人和朋友協助，試著一邊閱讀這本書一邊嘗試。與其一口氣追求完美，結果一步也跨不出去，不如試著以三成的目標嘗試看看，這樣反而比較能確實向前邁進。

我們面對的是「人類」，人類的想法千差萬別，經常變化。

「奇怪，這個人怎麼做的跟之前說的不一樣！」我們經常會遇到像這樣的情況，由此可見人類的想法很容易改變。所以，愈是追求完美，就會離目標愈來愈遠。

思考整理也是如此，如果對方開心地當場說出「煩惱一掃而空！」倒還好，但有時也會在對方依然悶悶不樂的情況下結束。

巨大的煩惱無法立刻解決，有時也會在不斷整理思路的過程中驚覺「啊，原來這就是我的煩惱」，從而發現中心球瓶。對方也有可能突然大哭，或者在中途說「現在不想再說下去了」而就此中斷。

所以，即便知道四個步驟，如果不試著運用，也猜不到會發生什麼事。**十個人就有十種整理思考的方法。**正確答案並非只有一個，為了在發生意外情況時能夠隨機應變，最好的方式就是一邊整理一邊思考。

如果最終能拉近自己和對方的距離，讓彼此都樂在其中的話，那不就是很棒的結果嗎？

下一章終於要開始介紹思考整理術的四個步驟了。

就算弄錯四個步驟的順序，或者遺漏了步驟也沒關係。按照自己的風格調整這四個步驟，或者試著將後續的著眼點（參照第三章）或圖解（參照第五章）單獨使用也無妨。

這四個步驟是我在諮詢現場親身實踐超過二十年，為了讓任何人都能馬上實踐而精簡到極致的最簡單方法。因此，只要大家累積一定程度的經驗，將其改造成方便使用的方法，享受自己獨創的思考整理術，我也會感到非常的開心。

第2章

讓對方
不由自主動起來！
思考整理的四個步驟

● 不熟練也沒關係，專業的思考整理術只需要記住四個步驟！

本章終於要將我經常用來整理對方思路，名為「願景指導」（Visionary Coaching, VC）的方法介紹給各位。

所謂的願景就是「展望未來」，這個詞具有提出理想、為了挑戰變化而接受指導的含義。

正如序章所介紹一共只有四個步驟，只要加以實踐，就能順利地整理對方的思路。

步驟1　確定標題

步驟2　了解現狀

步驟3　勾勒理想

步驟4　尋找條件（為了更接近理想）

圖2-1 專業思考整理術的4個步驟（再列）

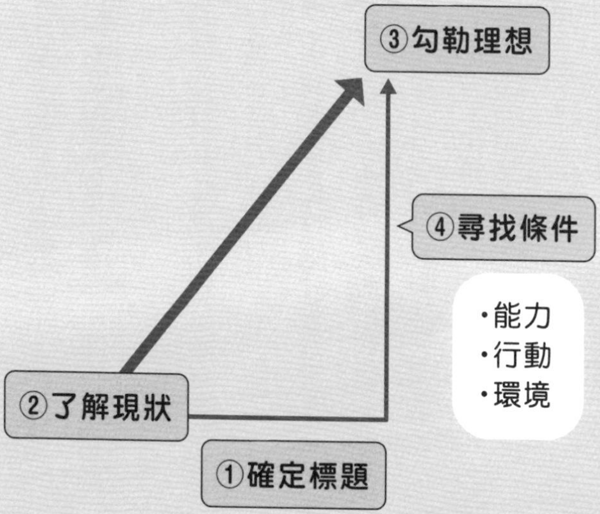

從我二十七歲獨立創業開始，這四個步驟已經使用了二十年以上。在諮詢現場經常會遇到整理對方思路的時候，實在很難每次都臨時採取不同的做法。

因此如果有「形式」之類的東西就很方便了，我盡可能地將一般的指導技巧刪去，總結成這四個步驟。

如今日本全國已有超過七百名的諮詢顧問使用這個願景指導，為客戶的成果做出貢獻，其高度通用性可說有口皆碑（參照「後記」）。

只要精通這個技術，大家和周圍的人際關係就會發生一百八十度的大轉變。

「可是，突然做就能做到嗎？」也許有人會出現這樣的疑惑。

在這種情況下，要不要先自己試著進行自我願景指導呢？按照這四個步驟，試著整理一下自己心中的困擾吧。

步驟1　標題是什麼？

如果很在意「下週的簡報能不能順利進行」的話，就試著以「怎樣才能順利完成下週的簡報」來確定標題。

步驟2　現狀如何？

簡報準備到什麼程度了呢？製作資料、準備會場、調查簡報對象、練習說話方式……，將所有能想到的工作都列舉出來。

步驟3　簡報達到什麼目標最理想？

希望能順利地說到最後，希望取得商品契約，希望能逗笑聽眾，希望通過公司內部的企畫，希望得到上司的好評。理想因人而異。訂下多個目標也無所謂。

步驟4　具備哪些條件才能實現理想？

「希望能順利地說到最後，卻不擅長在他人面前侃侃而談。」

哦，原來這就是心情鬱悶的原因。

只要填補這個缺口，一定能消除心中的鬱悶。

「怎麼做才能彌補差距呢？」

「我想想……，首先『在他人面前說話之前先試著一個人說話，用手機錄下影片，從中找出需要改進的地方』怎麼樣？」

像這樣在自問自答的過程中，如果發現「還有自己能做的事」，那麼就試著去做。

儘管如此，心中或許還留有「萬一失敗了該怎麼辦」的想法，但如果「鬱悶」能降低至「迷惘」的程度的話，心情就會變得輕鬆許多。

這就是思考整理。

每個人都有「思考的習慣」。

這種思考習慣會帶來負面效果。舉例來說，有些人很容易想到無法做到的理由，導致思考總是在腦中來回打轉，容易感到疲憊。

思考整理就是為了緩解這種疲憊痠痛而進行的心理按摩。

圖2-2　思考整理術的4個步驟
也能使用在自己身上

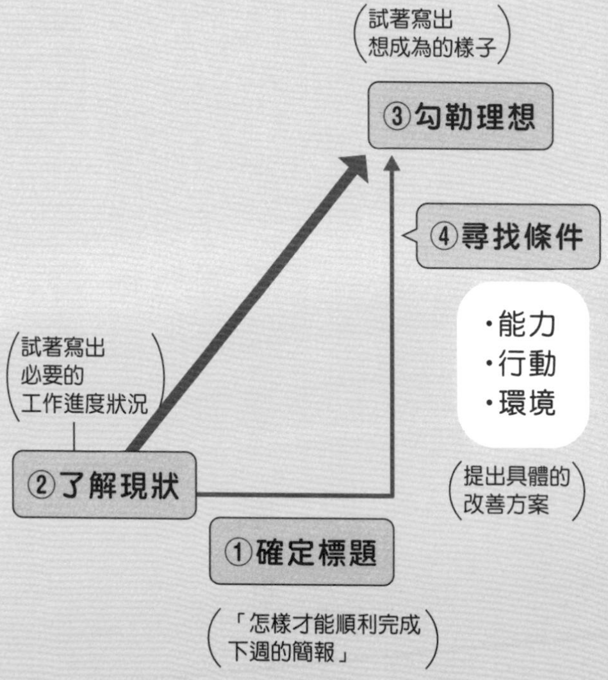

因此，如果能熟練運用本章介紹的願景指導這種思考整理的「形式」，自己就不會感到疲憊。同時，這個「形式」也會成為思考整理的主要途徑，使用起來相當方便。

人類即使看到同樣的東西，感受和想法也都大不相同。為了共享這些資訊，我會把三角形的圖寫在白板上，讓對方邊看邊進行思考整理。

「目前課題的標題是什麼？」「現狀怎麼樣？」按照順序一一詢問，將對方的答案填在三角形的周圍，就能整理對方的思路。同時，聆聽者也能掌握對方煩惱的全貌，這可說是讓雙方都感到舒暢的方法。

只要習慣的話，就能在什麼都沒寫的情況下進行這四個步驟，但最好還是一邊填寫一邊整理思路，這樣內容比較不會變得七零八落。

煩惱的人進行思考整理時，通常不會有條不紊地說出：「我的現狀是這樣，我的理想則是那樣。」而是東說一句「啊，這可能不是我的理想」，西說一句「說到這裡才想起，我還有一件在意的事情」。

如果只在腦中思考的話，內容就會變得亂七八糟，所以透過一邊畫圖一邊進行的方式，即使中途迷路或脫離話題，最後也能到達終點。

那麼，要是沒有白板的話該怎麼辦？

應該也會遇到在毫無準備的情況下整理對方思路的時候吧。

可能是和部下一起回家的路上，部下突然在電車內傾訴自己的煩惱，或者和朋友聚會時，聽到「工作有點不太順利」之類的抱怨。

這種時候，試著像在心中唱著繪畫歌一樣，一邊畫圖一邊進行思考整理吧。

♪「第一，決定標題和基礎」

♪「第二，試著詢問現狀」

♪「第三，了解理想」

♪「第四，尋找有助於理想的條件」

好，畫好三角形了。

在心中畫出這個三角形之後，應該就能輕鬆地從「標題已經定好了，接著詢問現狀吧」開始進行。

思考整理基本上是根據對方的需求來進行。**在沒有需求的情況下進行思考整理，很有可能一不小心就會變成多管閒事。**因此，如果先說出「試著稍微整理一下吧」之類的開場白，再開始傾聽對方的煩惱，對方就會表現出合作的態度，使思考整理順利進行下去。

話雖如此，如果眼前的部下情緒低落，或是另一半焦躁不安，我們也不能置若罔聞。這種時候，我會一邊在心中畫三角形，一邊悄悄地整理思路。若能在沒注意到對方幫忙整理思路的情況下，產生「不知為何心情很舒暢」、「好，再嘗試看看吧」等正面想法的話，那就再好不過了。

●重點在於「暫定標題」

下面將針對這四個步驟逐一說明。

【步驟一】確定標題

所謂標題，是指對方煩惱的題目。這是讓自己和對方達成「從現在開始，針對這個題目進行思考整理」共識的路標。

假使沒有確定標題的話，就會出現「奇怪，剛才是針對什麼話題進行討論？」這種搞不清楚聊到哪裡的情況，這時便再也無法將話題拉回主軸。

即使想努力在路徑模糊的前提下進行整理，對方往往也不知道該怎麼回答才好。如果一時之間想不出標題的話，就告訴對方：「暫時訂一個標題就好。」讓對方先想個標題吧。比如

「希望能改變自己在人前不善言辭的現狀」，只要像這樣加上標題，就可以展開解決問題的路徑，開始進行思考整理。

確定標題之後，將其填寫在三角形的底邊。只要實際看到文字，對方和自己都會產生「從現在開始解決這個問題！」這樣的意識。

・創建標題的方式

決定標題時，假若訂出「關於工作」、「關於育兒」這類籠統的標題，容易導致進行思考整理時迷失方向。原則上，建議積極使用「不確定現在的工作是否真的適合我」、「孩子不聽話，不知道該如何管教」這類具體闡述的標題。

以此為基礎，創建標題還有其他訣竅。

「如何以○○做到○○？」

在言語上套用這樣的格式。將前面的標題改寫成「如何找到真正適合自己的工作？」「如何和孩子建立良好的關係？」這樣的格式，就能看見方向性。

圖 2-3 ①確定標題時的重點

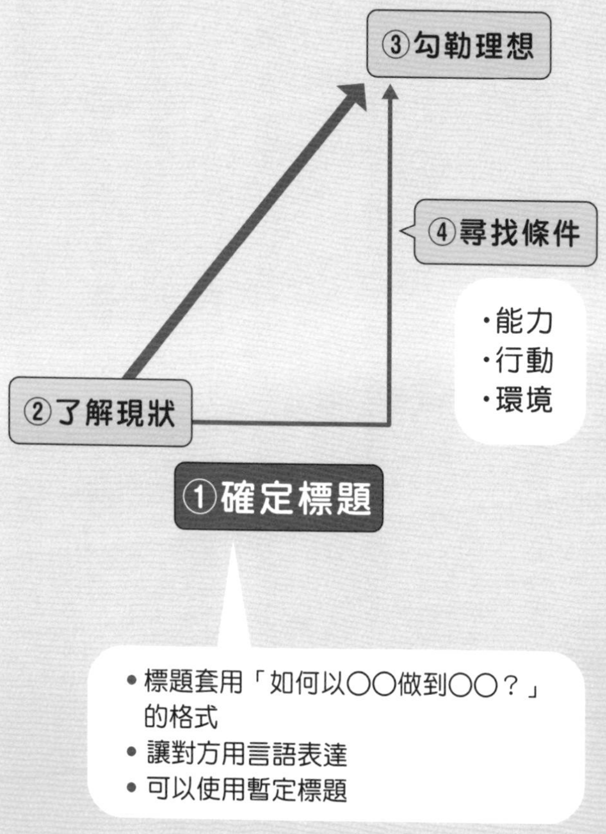

・讓對方用言語表達

標題一定得在一開始決定，而且要讓對方（本人）思考。

這件事出乎意外地重要。

比方說，某個部下沒有做好自己負責的工作，在上司約談時突然被指出「你現在的課題是活動吸引的人數十分低迷，自己試著思考一下怎麼做才能有所改進吧」，這時會出現什麼情況呢？

這麼做根本無法整理部下的思路。因為這就有如被上司強制提出改善點一樣，別說敞開心扉了，根本是牢牢地關上鐵門。

我和客戶面談的時候，都會問對方：「您今天想商量什麼事呢？您希望在往後的會議中處理的最重要課題有哪些？」這類問題。

這樣一來，對方就會提出「如何吸引潛在客戶」、「如何將業務拓展到全國」等標題。

如果面談的對象是部下的話，不妨試著詢問對方：「目前最擔心的事情是什麼？」

・有一半的標題會在中途變更

在確定標題的時候，希望大家記住「**有一半的標題會在中途變更**」這一點。

很多人都無法正確掌握自己煩惱的是什麼事。

舉例來說，「如何才能按時完成工作？」這樣的標題，在進行思考整理的過程中，也許會發現煩惱的並非加不完的班，而是與客戶之間的關係所產生的壓力。如果是客戶的要求太多導致工作大增的話，除非有辦法解決這種狀況，否則永遠也解決不了問題。

在這種情況下，真正的標題就要改成「如何與客戶保持對等的關係？」隨著經驗的累積，就會漸漸明白標題上的偏差。這時只要能將標題合理化，即可避免繞遠路而抵達終點。

當我聽到可疑的標題時，都會提出「我想問一下，為何您會將這件事當成課題呢？」這類問題，以詢問對方這麼做的理由，這樣就會知道這是不是真正的標題。

例如，當客戶找我商量「希望成本能再降低五％」時，我會嗅到一股「這似乎不是真正標題」的氣味。

我問對方：「我明白了，您希望降低五％的成本是吧。我想先冒昧問一下，為什麼您會這麼想呢？」

對方如此答道：「我和同行其他公司的社長討論毛利率的時候，發現對方公司的毛利率比我們高五％左右。因為這樣，我才認為我們公司應該也要降低五％的成本。」

因為毛利率比朋友的公司差五％，才想降低五％的成本來追趕，這實在稱不上是個好主意。不如說，為何會對朋友的公司燃起如此強烈的對抗意識，我覺得真正的標題其實就隱藏在其中。

可是，假如我對這個標題照單全收，對話進展又是如何呢？

「若要降低成本，只能從人事費下手了吧。」

「嗯。已經不能再裁員了。」

「不然向供應商殺價怎麼樣？」

「哎，和對方合作很久了，實在開不了口。」

「那還有哪些地方可以壓低成本？」

「……好像沒有。」

只會在什麼都解決不了的情況下結束。即使直接削減成本，似乎也不會得到任何效果。

當然，有時候是對方對問題有很強的意識，非常清楚自己面對的課題，但根據我的直覺，大概有一半左右的機率會在整理思路的過程中變更標題。因此，把對方提出的標題當做自己心中的「暫定標題」，在進行思考整理的過程中靈活地重新設定標題，這麼做想必就會找出真正的煩惱。

【步驟二】了解現狀

確定標題之後，接下來就是詢問目前的狀況。

不過，正如標題項目中所提到，有時即使到了下個步驟，也不知道標題是否為真正的課題。在詢問現狀的過程中，有時也會注意到標題「可能和真正的煩惱不同」，所以最好特別提高警覺。

「可以針對這個標題談談現狀嗎？」

「原來如此，還有其他的嗎？」

從這些簡單的問題開始詢問即可。

當對方開始說話時，不妨以「不錯啊」、「原來如此」、「是這樣啊」、「咦，還真辛苦呢」等肯定句做出回應。

別想得太複雜，和普通的對話一樣，根據標題詢問對方：「從剛才的話聽起來，幹勁應該不如之前吧。您對自己沒有幹勁的原因是怎麼看的？」這類自己有疑問或在意的問題即可。

需要注意的是，在聆聽煩惱報告的時候，往往容易變成責備的語氣反問對方：「該不會是你說了讓人家生氣的話吧？」

思考整理並不是為了判斷對方提出的問題究竟是對是錯。**請不要忘記給出答案的人終究是對方這一點**。

・以5W2H的方式傾聽

盡可能地仔細詢問現狀。

為此，若能意識到五個W和兩個H的話，談話的範圍就會擴大。

五個W和兩個H是指「Why：為什麼做」、「Who：由誰做」、「When：何時做」、「Where：何處做」、「What：做什麼」、「How：怎麼做」、「How Much：多少成本」。

如果部下說「與客戶發生糾紛」的話，就要問清楚是何時發生糾紛、因為何事發生糾紛、對方說了什麼、在什麼情況下說的、與哪些人有關。

我還會詢問對方提到的人物年齡、性別、頭銜等資訊。因為問題的性質會根據發生糾紛的客戶是五十多歲的經營者，抑或20多歲的菜鳥業務員而變化。

另外，一開始之所以問出這些資訊，在優雅地進行思考整理的過程中有著很大的理由，這一點會在後面告訴大家。

・別錯過深入挖掘的重點

在聆聽的過程中，可能會聽到「想做卻做不到」、「雖然知道但做不到」這樣的話。

這是對方的「思考習慣」。這個習慣會阻礙思考的流動，所以我們必須拆解思考，使流動變得順暢。

為此，我們需要深入挖掘。不能只是當作耳邊風點頭回應「是這樣啊」，而是要以問話深入詢問。

「要是放任不管，會造成哪些不便呢？」

「是什麼阻礙了這些呢？」

這也是「暫定標題」的問題。

如果對方聽了提問後開始雙手抱胸，陷入沉思的話，我們就耐心地等待答案浮現。因為這個答案說不定就是中心球瓶。

如果能從這個問題中察覺「擅自認定做不到的人其實是自己」、「說不定還有能做的事」，

圖2-4　②了解現狀時的重點

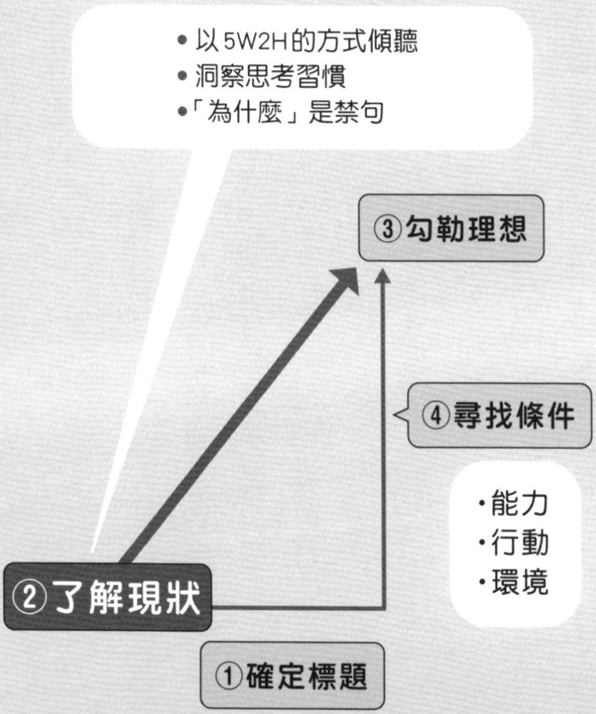

想必對方的視野就會豁然開朗。

・斷絕「不能做的路」

在我所主持的諮詢顧問培訓班的學生中，有不少人會在以諮詢顧問的身分累積經驗的同時，希望以符合價值的形式提高費用。換言之，獨立之初是以遠低於標準價格的「實習價」來簽訂合約，但現在差不多已經到了可以拿到標準價格的時候。

在這種情況下，對於即將成為客戶的人，只要提出新的費用方案即可，但又煩惱不知道該如何向老客戶開口。

「一旦提出漲價的要求，有可能會被終止契約。」

「要是被解約的話，收入就會減少。不如維持現狀方為安全之舉。」

心中想著這些事，所以難以付諸行動。

這也是一種思考習慣，看似聰明地避開風險，卻是傾向採取防守，面對挑戰猶豫不決。

一旦放任這種思考習慣，縱然真的面對危險狀況，也會找各種理由來逃避行動。所以，在一切順利的時候，最好學會往前踏出一步的勇氣。

這時若問對方：「如果沒有提出的話會發生什麼事呢？」可能會得到「嗯，業績應該達到頂點了吧」等回答。

即便如此，如果列出「不想失去長期合作的客戶」這類「做不到的理由」的話，就以「假如那麼做的話」這樣的「暫定標題」來避免走向安逸舒適的道路。

我：「那麼，假設提出漲價方案，你覺得客戶會有什麼反應？」

學生：「有些客戶可能會哀求『別這麼說嘛～（苦笑）』，然後故意岔開話題，有些客戶則會回答『讓我考慮看看』。」

我：「這表示不會全部的客戶都解約吧。」

學生：「是啊。」

我：「也就是說，沒有客戶會一聽到漲價的要求就立即解約，不全然沒有漲價的機會吧。」

學生：「是啊，應該至少有一家公司會將我方的要求聽進去。」

我：「假如進展順利的話，從長遠的眼光來看，未來有沒有可能提高現有客戶的價格呢？」

學生：「如果有一家公司順利的話，我覺得應該會成功。」

我：「若能做到這一點，結果會怎麼樣呢？」

學生：「我想應該會對提高業績帶來幫助。」

思考整理到這一步，就會產生一股「不然就試試看吧」的行動力。然後，要是實際提出漲價的要求，順利地讓客戶接受的話，那麼「也試著向其他客戶提出」的腳步就會加快。

即使對方認為「做不到」、「有困難」，也可能只是先入觀念，與實情不符。

我們可以透過思考整理讓對方注意到這一點。

・別「光提自己的事」

聆聽對方說話的過程中，不知不覺就會投射感情，自顧自地說起自己的事，像是「我也遇過提不起勁的時候，當時呢……」。可是，因為對方想把自己的事情告訴我們，要是我們開始大談自己的事蹟，反而會讓對方的心情一口氣盪到谷底。

當對方無法導出答案時，提供自己的經驗具有拋磚引玉的效果（第四章會對此說明），但**基本上要記住「對方並不想聽我們說自己的故事」**。

有諮詢需求的人，在乎的是自己「心中的困擾」，而非他人的事情。

・「為什麼」是禁句

「為什麼」這句話非常強大，讓人很想立刻拿來使用。在前面提到的「確定標題」部分，我們談到詢問「為什麼這是課題呢？」的理由。不過，這句「為什麼」很容易把對方逼入絕境，在對此有所自覺的基礎下，最好別輕易地拿出來使用。

「為什麼你會這麼想？」

「為什麼會變成這樣？」

「為什麼沒有過來諮詢？」

像這樣一句接一句，就像接受審問一般，導致對方難以啟齒。**這可不是詢問，而是盤問**。

大多數的人不會對每件事都考慮得那麼深入。面對從未思考過的問題，如果有人當面問起「為什麼」，就會一時語塞而發出「呃」的一聲。

因此，我會改變做法，用不同的表達方式來表達。

「有讓你這麼想的契機嗎？」

「是什麼讓你得出這個結論的？」

或者，也可以歸究於時空背景，讓回答更容易，比如「是什麼樣的背景讓你會這麼想？」

即便使用「為什麼」，只要加上這類開場白：

「**可以問你一個問題嗎**？你為什麼會這麼想？」

「**世上似乎也有◎◎◎的意見**，你為什麼會這麼想呢？」

印象就會隨之改變。

第120頁之所以會在「我想先冒昧問一下，為什麼您會這麼想呢？」這句話的開頭加上「我想先冒昧問一下」，也是為了緩和「為什麼」的強度。

如果和對方的關係密切，可以在一定程度上使用「為什麼」，但如果不熟的話，基本上就要選擇容易讓對方接受的語言。

思考整理是語言的傳接球。玩傳接球時要把球投到對方容易接到的位置。只有躲避球是把球投到對方無法接到的位置。

因此，要在對方擺好手套的時候才把球丟過去。如果對方沒有準備好手套的話，可以先透過「我可以問你一個問題嗎？」這樣的開場白，讓對方把手套擺在胸前，才把球投過去。

【步驟三】勾勒理想

大致問出目前狀況後，下一步就是詢問怎樣才是理想狀態。

・讓對方正面思考

了解現狀之後，我們往往會臨時想到「該怎麼辦才好」這類解決問題的條件，卻忍不住會列舉一些做不到的理由，比如「忙到沒時間去做」、「沒錢根本做不到」、「目前的自己毫無經驗，要做到談何容易」等等。

如果意識停留在現狀的話，思考就會停滯不前，所以只要讓對方抱持正面思考，想像一下理想的狀態，對方就會開始思考可行方案。

如果是和部下面談，可以直接問對方：「你希望達成什麼樣的目標？」也可以對客戶詢問：「（關於這個標題）達到怎樣的狀態最為理想？」

「假如進入下個階段，希望變成什麼結果？」

「未來希望怎麼做呢？」

「怎樣才可以說解決了那個問題？」

「若能接觸比現在更高層的人，結果會如何呢？」

像這樣提出足以想像不久的將來和遙遠未來的問題。

「你覺得十年後的自己會變得如何？」

「滿分一百分的狀態是什麼感覺？」

只要加入這類數字，就會產生更容易想像的效果。

圖 2-5 ③勾勒理想時的重點

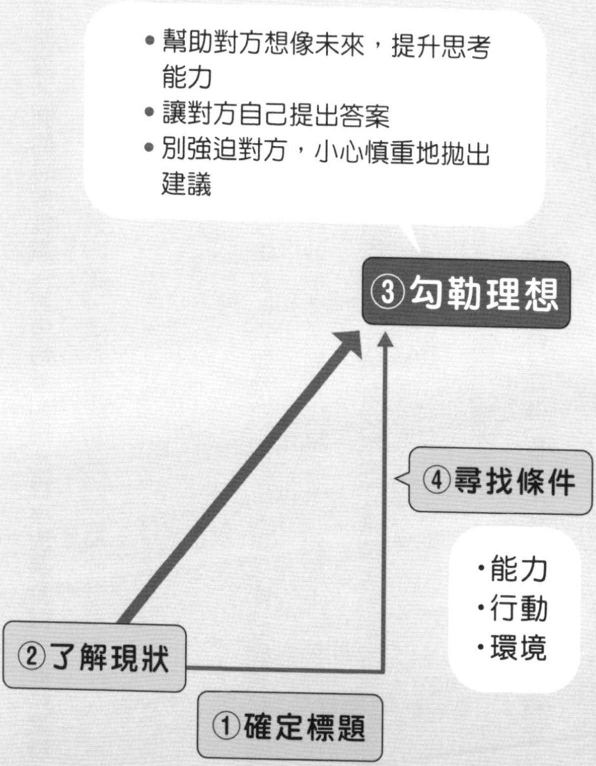
• 幫助對方想像未來，提升思考能力
• 讓對方自己提出答案
• 別強迫對方，小心慎重地拋出建議
③勾勒理想
④尋找條件
・能力
・行動
・環境
②了解現狀
①確定標題

倘若這時出現思考習慣，說出「反正我就是做不到」這種負面的話，那麼不妨提出：**「暫時跳出自己可能做不到的思考框架，想像如果『現在說出的事全部都能夠實現』的話，你覺得什麼樣的結果比較好？」**這類問題。這將會成為跳脫框架的契機。

・讓對方自己提出答案

即使在對方遇到困難時，描繪理想的步驟也有必要，而不是從考慮將來的開朗話題切入。

在前述部下和客戶發生糾紛的例子中，先問出現狀，告訴部下「那麼試著思考一下解決辦法吧」，或許只能想出「試著和對方的上司商量一下」、「換掉客戶」等解決眼前問題的方法。

這樣一來，部下的心情可能不會那麼舒暢。

這時要是問部下「你以後希望和客戶建立什麼樣的關係？」結果會怎樣呢？

如果客戶的態度太過分的話，部下可能會說「今後再也不想和對方有任何瓜葛」，但大部分的人應該會提出以維持關係為前提的發言，例如「如果可以的話，希望更平等地來往」、

「不希望對方提出太過無理的要求」等等。

聽完部下的發言之後，若反問部下「那麼，你覺得要在什麼樣的條件下，才能建立這樣的關係呢？」應該會出現意想不到的答案吧。

「試著找機會把自己遇到的困難一股腦兒全告訴對方。」

「試著詢問客戶總是無理取鬧的理由。」

只要出現這樣的發言，對方就會自己破殼而出。這樣一來，想必就會產生行動的動力。

對於別人提出的建議，即使是容易條件反射地做出否定的消極之人，對於自己提出的方案也會毫無抵抗地向前邁進開始行動起來。

比起上司用盡千言萬語說服，自己得出的一個結論更能激發人的動力。

・禁止強迫

並非強行把本人帶到不喜歡的地方，而是讓對方到想去的地方，思考整理的四個步驟就是這樣的思考法。因此想像一下自己想要的東西是什麼非常重要，但其中也有人「不清楚自己的理想是什麼」。

假設有個人認為「現在不是思考理想的時候」，為了解決眼前的問題而忙得抽不開身。這時不妨想像對方的處境，思考「假如變成這樣會開心嗎？」同時提出建議。這有可能成為砌石而讓對方靈機一動，也有可能成為棄石，使對方覺得「不對，我希望的東西不是這樣」。

然而，這終究是「對方的期望」，別把它和「自己的期望」混為一談。

若上司對部下提出「你不覺得工作能再稍微積極一些就好了嗎？」這樣的建議，那就變成誘導了。一旦進行誘導，對方就會在來不及整理思路的情況結束，所以最好小心慎重地拋出建議。

【步驟四】尋找條件（為了更接近理想）

若整理對方的思路，引導出理想的話，那就再加把勁。

只是停留在理想階段，心態上或許會變得比較積極，但如果不去思考該如何付諸行動的話，人類是很難採取行動的。這個時候就必須進入尋找「條件」的步驟。

・縮小理想與現狀之間的差距的三個視點

只要想像一下理想，就會發現理想和現狀之間存在著差距。為了縮小差距應該怎麼做呢？我們可以從三個視點來思考。這個視點包括能力、行動、環境三個方面。

①能力

掌握溝通技巧、培養領導能力、學習英語會話、降低體脂率等，如果自己現有的能力和技能無法解決的話，不妨思考提升能力和技能的方法。

②行動

改變交往的對象、提前三十分鐘起床、尋找興趣等，這些都是透過改變自己的行動來解決的方法。

③環境

改變場所、加入社團、改變服裝、進行調動等，這些都是改變自己所處環境最簡單又有效的方法，因為這樣可以讓自己不需要付出多少努力就能做出改變。

舉例來說，假設部下與客戶發生糾紛，而在分析現狀之後，結果發現原因是出在雙方之間的溝通不足。

接下來，確定理想為「試著找機會，把自己遇到的困難一口氣全告訴對方」。

怎麼做才能具備彌補這兩個差距的條件呢？

根據能力的做法，可以在徵求溝通專家建議的同時，思考「為了避免被對方強迫，最好事先設想自己想傳達的內容」的方法。

基於行動的方法為「與客戶約好時間，營造出能一次好好討論的機會」；基於環境的方法為「在公司以外的場所進行討論」等。

從前在工作上遇到麻煩的時候，常見的做法是出去喝一杯，不過改變環境也會有出人意外的效果。

無論喝不喝酒，在公司以外的地方都能坦率地進行交談。為了不給對方造成負擔，利用午餐時間進行交談也是一種方法。

圖 2-6　④尋找條件時的重點

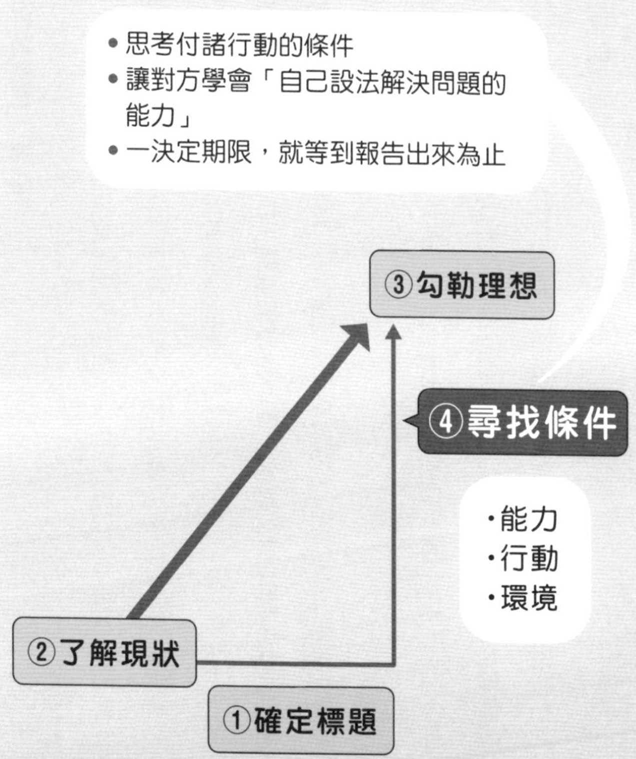
• 思考付諸行動的條件
• 讓對方學會「自己設法解決問題的能力」
• 一決定期限，就等到報告出來為止
③勾勒理想
④尋找條件
・能力
・行動
・環境
②了解現狀
①確定標題

・光是開始行動就是一種成長

假設部下為了縮小理想和現實之間的差距，決定將這些付諸實踐。即便如此，和客戶的關係仍舊沒有改善，這時有可能會更換負責人，甚至被終止合約。

整理對方的思路並非一定能夠解決問題的特效藥，最好把這一點牢記在心。

重要的是透過狀況的最佳化，調整對方的心態，使其採取行動。就算結果不如預期也不要緊，我認為這個過程相當重要。這是因為根據實踐的結果，可以發現接下來該怎麼做的提示，並一步步地確實成長。

如此循環兩到三次，與原地踏步相比，不僅能帶來巨大的成長，狀況也有所進步。只是把目前為止未能採取行動和做過的事付諸實踐，這難道不是很棒的成長嗎？對方用自己想到的方法去嘗試，即使結果不如預期，心態上應該也能接受。況且，能對靠一己之力做到的自己更有自信。

縱使這次不甚順利，下次再遇到同樣的困擾時，或許也會想試著在不借助任何人幫助的情況下自己設法解決。

掌握「自己設法解決問題的能力」，可說是幫助對方整理思路的終極目標。

・決定期限

為了付諸實踐，接著詢問「什麼時候開始？」「什麼時候能完成？」像這樣決定期限也是很重要的一點。

光是確定解決方案就獲得滿足，結果遲遲不付諸行動，這是常有的事。為了避免這種情況，最好的辦法就是讓對方自己決定計畫。決定好之後，就靜靜地等待對方的報告。

要是不斷追問對方「後來的發展如何？」可能會把對方逼到絕路，所以最好只告訴對方「有什麼進展的話要告訴我喔」。相信對方，等待對方，這些都是很重要的時間。

然而，當上司把工作交給部下去辦時，必須特別注意沒有按時完成會給周圍的人帶來極大麻煩的案件。事先決定好「在哪個時間點收到進度報告」，如果過了期限仍沒有收到報告的話，為了方便自己確認，記在筆記本上也是一種方法。

四個步驟實踐篇

實例①創業家擴大事業的諮詢

大家已經掌握整理思路的四個步驟的印象了嗎？

這裡可以暫時把本書丟在一旁，和旁邊的人一起試著整理思路。通過反覆實踐，整理思路會逐漸融入自己的身心。

為了讓大家更有印象，下面將會介紹按照四個步驟進行思考整理的實例。

這是我實際為諮詢顧問培訓班的學生進行思考整理時的例子。

該名學生為了改善人際關係而開展研討會的業務，並受到許多顧客的好評。如今研討會的學員都有所成長，事業也順利地步上正軌。

我：「今天討論的題目是什麼呢？」

學生：「題目是『如何將自己的事業推廣到全國』。」

我：「很好。方便告訴我現狀嗎？①」

學生：「目前東海地方、關東和中國地方都有人開設培訓教室。」

我：「真了不起。現在營運方大概有多少成員？」

學生：「能傳授基本知識的導覽師約在一百人上下，其中可以傳授專業知識的講師約有十五人，另外認同我的理念且希望推廣到全國的約有五到六人。②」

我：「認同且準備推廣這個理念的人有沒有頭銜？」

學生：「咦，您說頭銜嗎？目前沒有。」

我：「那麼，臨時的也沒關係，要不要試著給他們頭銜呢？③」

學生：「臨時的嗎？呃，那就暫且稱他們為溝通師吧。」

我：「不錯嘛。這表示裡頭有推廣研討會的人，也有強化事業的人吧。導覽師是推廣研討會的人，強化事業的人是溝通師，這個理解正確嗎？」

學生：「對，沒錯。」

我：「希望你能憑直覺回答，若將事業強化到無法繼續進化的程度，以及將該事業擴展到全國的分數都定為滿分十分，那麼現狀的數值是多少？④」

學生：「擴展事業為三分，強化事業為八．五分。」

我：「很好。那麼，可以告訴我你的理想嗎？要做到什麼程度才會滿意？⑤」

學生：「我之所以想將這個事業推廣到全國，是因為『我希望建立一個友善語言的社會』，這就是事業的願景。我最近發現，參加研討會的人大多都是學校老師、護士或從事護理相關工作的人。我希望能將事業推廣到這些人身上。」

我：「這是與醫療、護理、教育領域很契合的意思吧。今後還會出現能開拓的領域嗎？」

學生：「不，我想只要專心在這三個領域就好。」

我：「為什麼呢？」

學生：「我的孩子曾因為遭到霸凌而無法上學，這時與我最親近的就是教育、醫療和福利方面的人士。不要再出現像我家孩子一樣的小孩，這就是我最根本的願望，所以我覺得只要專心在這些領域就好。」

我：「原來如此。那麼，你想建立的友善語言社會，你認為是怎樣的社會呢？」

學生：「如果成為能夠直接開口請求協助的社會就太好了。不認識周遭的人就無法說出口，為了學習與周遭的人建立關係的方法，所以我才開設這個研討會。」

我：「去聽那個研討會，可以學到哪些建立關係的方法？」

學生：「可以了解人的個性。不了解自己會讓人感到鬱悶，如果這個鬱悶減少的話，與周遭的人就會更和諧相處。」

我：「這個意思是消除自己的鬱悶？還是對方的鬱悶？」

學生：「首先是消除自己的鬱悶，再來改變和對方的相處方式，接著才是消除對方的鬱悶。」

我：「如果成為隨處可聽見友善語言、能夠開口請求協助的社會的話，可以看見什麼樣的風貌呢？⑥」

學生：「我想想。儘管有時也會轉弱，但要是能成為受到認可的風潮就好了。」

我：「保持真實的感覺嗎？⑦」

學生：「嗯，做真實的自己雖然會給人一種正面的印象，但也有沮喪或消極的一面，類似這樣的感覺。」

我：「事業在全國不斷擴大，能傳授的人也愈來愈多，發展得非常順利。你覺得自己在哪些方面還有可以努力的發展空間呢？⑧」

學生：「對於那些想做卻無從下手的人，或者想從講師晉升為溝通師的人，應該如何培養他們，告訴他們哪些內容呢……」

我：「你有告訴過所有人想拓展到全國這件事嗎？」

學生：「我有提過。」

我：「那麼，講師要怎麼樣才能成為溝通師，以及溝通師和講師的任務，這些有沒有向誰提起呢？」

學生：「啊……。我的確沒有告訴過他們這些事，而且本來就無法用語言來表達。⑨」

我：「試著用語言表達出來怎麼樣？」

學生：「我豁然開朗了！」

這位學生（研討會講師）的中心球瓶是「自己沒有把重要的事情傳達給營運成員」。要是在沒有發現中心球瓶的情況下結束思考整理的話，只會「感覺得出結論」，無法解決真正的問題。

一旦按照目前的狀態加緊在全國開展事業的腳步，那麼團隊成員的步調就會變得七零八落，有可能哪天就會土崩瓦解。為了站穩腳步，首先要讓成員重新認識自己的角色，這一點雖然不起眼，但其實非常重要。

我和這位學生已經認識很長一段時間，所以都很了解彼此的個性，本來就比較願意敞開心扉交談。

言談中，他似乎慢慢注意到這些過去從未意識到或思考過的事項。像是過往事業只聚焦在教育、醫療、福利這三個領域，或者是自己沒有把重要的理念傳達給其他成員等等。

最初決定的標題是「如何將自己的事業推廣到全國」。如果將這些照單全收進行思考整理的話，可能從頭到尾都只會在「如何在全國建立分部？」「要將各個分部的據點設在哪裡？」這類方法論上打轉。

圖 2-7　思考整理的實例①

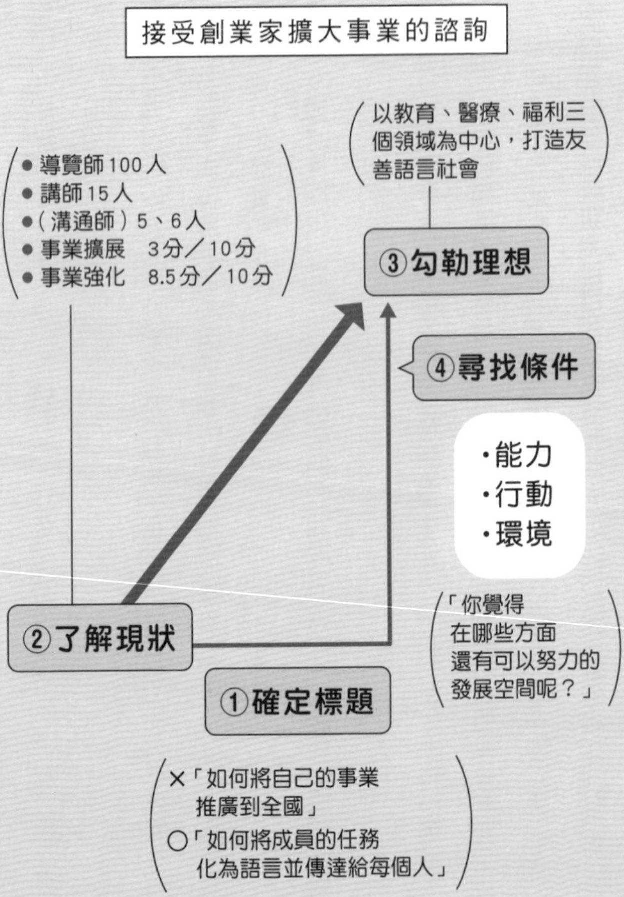

接受創業家擴大事業的諮詢
以教育、醫療、福利三個領域為中心，打造友善語言社會
●導覽師 100 人
●講師 15 人
●（溝通師）5、6 人
●事業擴展　3分／10分
●事業強化　8.5分／10分
③勾勒理想
④尋找條件
・能力
・行動
・環境
②了解現狀
「你覺得在哪些方面還有可以努力的發展空間呢？」
①確定標題
×「如何將自己的事業推廣到全國」
○「如何將成員的任務化為語言並傳達給每個人」

這位學生知道自己應該做什麼，所以便立即正式加上溝通師這個頭銜，明確不同等級能學到什麼內容，在官網上詳細介紹每位溝通師，開始整理組織的體制。

雖然沒有和我討論到這種程度，但他思考自己應該做些什麼，並付諸行動。

這就是整理對方思路的效果。

接下來針對這個對話的重點進行說明。

①也可以像這樣直接問對方「請告訴我現狀」。

②詳細詢問與該事業相關的人，也就是登場人物的資訊。問過這些內容後，我不僅能夠理解學生的事業體制，也得以重新確認對方心中的組織全貌。

③這是實踐「擺脫完美主義！」的手法。決定頭銜這種重要的事往往會意外地延後，即使設立的是臨時頭銜，那些人的任務也會固定下來。

④數值化具有使現狀更加清晰可見的效果。

⑤進入理想階段。訣竅是提出「達到什麼樣的感覺可以接受」這種讓人想像未來的問題。

⑥這也是用來讓人想像理想的問題。若愈具體地想像理想，就愈容易看見應該做什麼事才能離理想更進一步。

⑦別害怕棄石，勇敢扔出來吧。

⑧進入詢問實現理想所需條件的階段。「從哪裡開始」、「為了實現理想，目前能做哪些事情」像這樣直接詢問也可以。若能提出「還有哪些發展空間」這類讓人感到可以更加成長的問題，就能期待「想要解決」的正面效果。

⑨發現自己的中心球瓶的瞬間。我也沒想到會出現這樣的結局。思考整理的有趣之處在於，只要聆聽者不做出誘導或強迫的行為，就會得到自己意想不到的答案。

●四個步驟實踐篇

實例②與期望成長的部下面談

下一個例子是上司與工作能力尚可，卻似乎沒有全力以赴的「可惜部下」之間的對話。

部下自認自己沒有什麼問題，上司為了試探其本意，於是試著整理對方的思路。在對方不知情的情況下進行思考整理，像這樣的場面可能很常遇到。

然而，從部下的角度來看，上司也可能是「可惜的上司」。

工作花多少時間上手因人而異，但部下沒有成長幾乎都是因為上司的指導能力不足的緣故。只要不忘記這一點，就能以謙虛的態度進行思考整理。

上司：「山下，最近你有什麼困難或要求嗎？」

部下：「我沒有問題，一切都很順利。」

上司：「那我就放心了。假設工作時徹底發揮自己能力為百分之百，那麼你覺得自己大概發揮了百分之幾呢？①」

部下：「讓我想想，我覺得自己應該有發揮百分之百。」

上司：「自己覺得已經將能力發揮到最大嗎？那不錯啊。②」

部下：「我認為自己也有達成公司的績效，應該沒什麼問題。」

上司：「原來如此。順便問一下，是什麼理由或契機讓你如此認為呢？③」

部下：「嗯。我很重視私人生活，工作當然也很重要，但我希望做完自己該做的事情之後，剩下的時間都能用在自己的私人生活上。」

上司：「我明白了。那麼，你覺得在自己的人生當中，私人生活和工作的比例應該以幾比幾的比例分配才恰到好處呢？④」

部下：「老實說應該是一半一半吧。」

上司：「也就是說，用五成的時間完成必要目標，然後用另外五成的時間去做私人的事對嗎？用五成的時間完成必要目標，還真是厲害啊（笑）。⑤」

部下：「是啊，如果能做到就好了。」

上司：「不妨礙工作倒無所謂。話說你在工作之餘想做哪些事呢？」

部下：「我想畫畫。」

上司：「哦。是很棒的興趣耶。有參加繪畫比賽的打算嗎？」

部下：「有的，我現在正在畫參加比賽的繪畫，我從小就一直畫到現在。」

上司：「這樣啊，那確實在工作之餘需要挪出畫畫的時間。看樣子透過繪畫提升技能是你的畢生事業囉。」

部下：「是啊。我希望將來有一天可以教人畫畫。⑥」

上司：「哦，那不是很棒嗎？把自己掌握的技術傳授給他人，總有一天能登上那個舞台。可是教學工作不是很辛苦嗎？」

部下：「確實，自己畫和教別人畫完全不同。」

上司：「有些事情是靠自己的感覺才知道，也有從理論中學到的東西。你想把這些知識都傳授給對方吧？」

部下：「是啊。」

上司：「我們公司在業務方面很強，這件事我略有耳聞。山下的業績在我們公司名列前茅，周遭應該有不少人都想知道你平時的業務話術和事前準備是怎麼做的；倘若有一種方法能將山下的知識傳授給周圍的人，讓大家都做出成果，也能藉此提升評價，這件事你怎麼看？⑦」

部下：「嗯，教別人東西果然不是一件容易的事。」

上司：「是啊。不過，你想在繪畫的世界中做這件事吧。」

部下：「假如只是興趣倒還好，如果是工作的話，我的責任感會變重，我覺得應該還是會有壓力。」

上司：「你想在沒有壓力的環境下工作啊。」

部下：「是啊，我想在無拘無束的工作環境下成長。應該說，我希望以自由的態度關注他人成長。」

上司：「很棒的想法。不過，假如再加上可以學會『教別人的技能』的話，有沒有可能變得更加輕鬆呢？⑧」

部下：「是啊，我想要是能做到就好了。如果部長能提供協助的話，我覺得應該可以做到。」

上司：「不然下次我們一起研究一下這個作戰吧。」

部下：「好，那就麻煩您了。」

①從這裡開始進入掌握現狀的對話。為了確認部下目前拿出多少比例的幹勁，因此用數字來打聽。

②站在上司的立場，或許有時會忍不住想吐槽：「不是吧，這根本不能說是百分之百！」但這時一定要忍耐，以肯定的態度去接受，因為就算說了也沒有任何效果。無論是什麼樣的答案，都要用肯定的態度接受，這是整理思路的基本。從這個地方開始，切換成想了解「既然如此，那為什麼看起來不像拿出滿滿幹勁的樣子呢？」的問題。

③深入挖掘部下的主張。即便無法同意部下「只要完成任務就好」的想法，也要接受每個人的看法不同這件事。

④在這種情況下，若能將其數值化，就能看出什麼是對方所期望的。

⑤即使內心產生「私人生活和工作的比例一半一半啊……」的動搖，也不要表現出來；這時先別否定或肯定，以中立的態度接受吧。

⑥這裡很關鍵，出現部下目前思考後得出的「理想」。即便理想內容不是和工作有關，也要尊重對方的想法。

⑦（上司的想法）如何縮小理想和現實之間的差距，在思考這些條件的步驟中，找出工作和私人生活的共同點，試著在不強迫的狀況下委婉地提出建議。
⑧為了避免強迫對方，只停留在暗示可能性的程度。

在這個實例中，無論工作或興趣，部下都找到了自己下一個階段應該前進的道路。

可是，就實務上來看，職場工作和私人興趣未必能恰巧找到「教別人學會某個技能」的共同點。縱使找到共同點，有時對方也會以「不想做需要負擔那麼多責任的工作」為由，而頑抗拒絕分享自己的成功經驗。

不勉強得出結論而結束，這也是思考整理的一種模式。

上司可能會因為沒有得出結論而感到不太滿意，但可以注意部下之後的行動會發生什麼樣的變化。

哪怕只是一絲絲變化，也可以說具備了思考整理的效果。

圖 2-8　思考整理的實例②

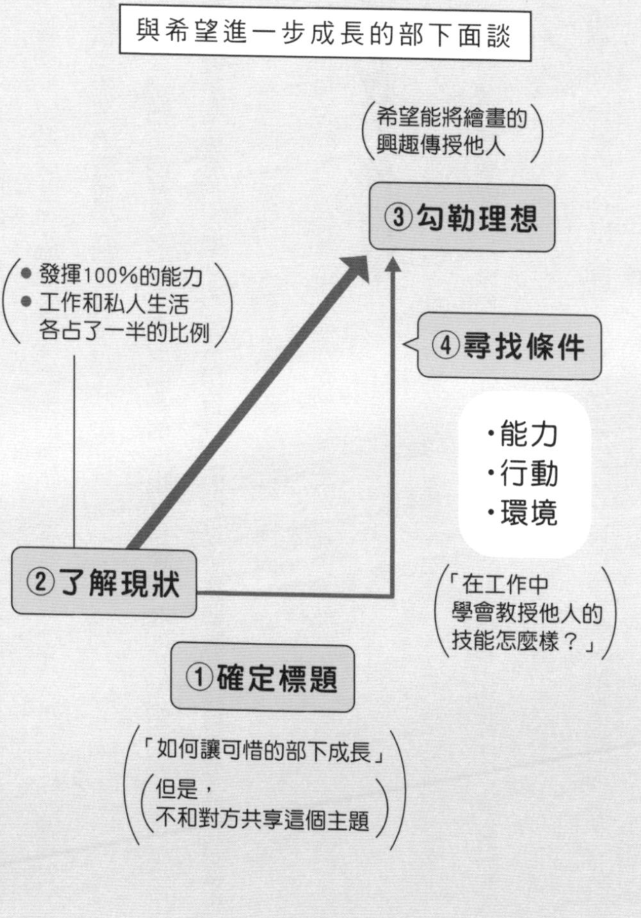
與希望進一步成長的部下面談
希望能將繪畫的興趣傳授他人
③勾勒理想
● 發揮100%的能力
● 工作和私人生活各占了一半的比例
④尋找條件
・能力
・行動
・環境
「在工作中學會教授他人的技能怎麼樣？」
②了解現狀
①確定標題
「如何讓可惜的部下成長」
但是，不和對方共享這個主題

即使對方斷言「私人生活比工作重要」，我也會心想「哦，也是有這樣的想法呢」，便不再追問下去。畢竟，如果這是一個人所選擇的生活方式，就算身為上司，也不應該強迫對方接受自己的想法、扭轉價值觀。

儘管如此，要是部下能意識到（上司所認為的）現狀與理想之間的差距的話，那麼部下的思考就有可能發生某種變化。縱然不能拿出百分百的幹勁，只要數值比目前還高，這樣也很不錯了不是嗎？

●四個步驟不停循環

實際試著按照這四個步驟進行思考整理就會明白，從①的標題到④的條件，能夠順利進行的情況相當罕見。

原以為達到③的理想，卻又回到②的現狀；來到④的條件，卻又回到③的理想，有時甚至會產生與最初的理想全然不同的理想。

從④的條件繞了一圈到達①的標題，又因為「果然有可能不是這個標題」等原因，於是又將①的標題改成新的命題，接著又重新開始②的現狀、③的理想這些步驟，像這樣的情況也不無可能。

四個步驟不是繞過一圈就結束了，有時還會繞好幾圈，直到對方滿意為止。其結果就是對話的起點有時會到達意想不到的地方，這就是思考整理的有趣之處。

此外，在④的條件下出現的能力、行動、環境這三個視點，充其量只是帶出點子的觸發器（誘因）。對於想出來的創意，沒有必要追求「這是能力嗎」、「不，可能是行動」等分類的正確性。讓我們抓住能夠靈活構思的線索吧。

四個步驟終究只是根基，有時③的理想會不斷延伸，三角形的形狀也會發生變化。在沿著三角形前進的過程中，有時候也會遇到一個步驟延伸出四個步驟的情況。

倒不如說產生各式各樣的變化，才是真正活用專業的思考整理術。

運用思考整理這項工具時，別不懂得變通，而是靈活地一一拆解思考的框架，「跳脫框架」就是思考整理的關鍵。

整理過程中，最好意識到的三個重點

話說回來，在整理對方思路的過程中，一開始可能光是聽對方說話就已經耗費全部的精力，沒有餘裕跳脫出思考的框架。

建議各位能夠游刃有餘地聽完對方陳述後，再進入下一個階段吧。

這裡會介紹從「表情」、「聲音」和「停頓」來解讀對方感受的三個重點。大多數的日本人原本就擅長「察言觀色」，只要掌握這個技能的話，想必在整理思路以外的場合也能成為溝通的高手。

・表情

對方找到中心球瓶的瞬間，往往會驚訝地瞪大雙眼。不論男女老少，大多數的人都會出現相同的反應。

千萬別錯過那個瞬間，試著直接詢問對方：「你現在是不是想到什麼了？」於是，對方就會坦率地告訴我們「哎，我覺得剛才說的話好像是關鍵」這類感想。

我們沒有必要猜測什麼是中心球瓶。

只要詢問對方：「你現在想到什麼了嗎？」對方就會爽快地回答：「我發現自己真正的問題就是這裡！」

只要能做到這一點，對方或許會心頭一驚，心中暗忖：「這個人竟能看出我現在內心發生的變化！」這樣一來，對方就很有可能敞開心扉，心想「希望再找這個人商量」。

找到中心球瓶時，發出會心一笑也是常有之事。

如果對方笑著說：「喔喔～是這樣啊，原來是那邊沒注意到！」就是思考豁然開朗的證據，想必之後就會自己找到解決方法吧。

關於表情，最後還有一點要請各位特別留意，最好別放過對方露出陰沉表情，或是愁眉苦臉的時刻，因為其中必然暗藏某些對方在意的東西。抓住這個瞬間持續往下深挖的話，或許就能找到中心球瓶了。

・聲音

找到中心球瓶的時候，聲音會提高約一個八度。不僅在說出「啊，對對對！」這句話時提高音調，音量也會變大，聲音也變得興奮起來，給人一種「喔喔，剛才好像抓住了什麼」的感覺。

這時只要立即詢問：「你發現什麼了嗎？」對方就會像決堤一樣滔滔不絕地將自己的想法全部吐露出來。

・停頓

目前為止，對方的思緒仍一直在慣性作用下運轉，這時如果突然踩剎車說：「咦，怎麼回事？」的話，就會出現停頓。

對於我們提出的問題，對方若出現「奇怪，搞不好問題不在那裡」這樣的反應，就不要馬上回答，而是試著保持沉默。

圖2-9　整理思路的過程中最好意識到的「三個重點」

倘若只是單純因為自己說了失禮的話而惹怒對方，那麼從表情就能看得出來。當對方瞪大眼睛或陷入沉思時，若能立刻以「你現在注意到什麼事了嗎？」來誘導對方的話，就能讓當事人有機會把想法轉化為語言。

有的時候，對方會話說到一半突然停頓下來。這個突兀的停頓也極有可能是中心球瓶被挖出來的反應。

●擺脫思考泥淖的三種工具

試著整理對方的思路，有時會發現對方雙手抱胸陷入沉思，不然就是重複說同樣的話，導致思考整理遲遲沒有進展。

這時只要利用下面介紹的三種工具，就能順利進行下去。這三種工具就是「著眼點」、「案例故事」和「圖解」。

由於每一種工具都非常重要，接下來會各用一整章的篇幅來一一解說。

・著眼點

眼前出現煩惱的人，即使試著對其進行思考整理，也有種話不投機的感覺。

這時要是能給對方一個開始思考的契機，整理就能一口氣進行下去。我將這個契機稱為「著眼點」。

帶著準確的著眼點進行思考整理，對方就會突然瞪大眼睛大喊：「對喔！」這可說是被困在框架內的思考成功脫離框架自由飛翔的瞬間。

對我而言，著眼點是與客戶諮詢時不可或缺的調味料。第三章將會詳細介紹我經常使用的七個著眼點。

・案例故事

在序章中介紹過，我為朋友認識的人（經營者）進行思考整理時，曾提到自己獨立創業十年所遇到的困擾。

我把自己過去的經歷、朋友的經歷，以及聽過的故事，通通稱為「案例故事」。我會將其作為讓對方察覺的拋磚引玉來使用。

關於案例故事將在第四章詳細介紹。

・圖解

比起用語言來說明，畫圖解釋會來得比較快，想必大家都有過這樣的經驗吧。

思考整理也是一樣。將四個步驟畫成三角形會比較容易進行，因為這麼做可以從視覺上掌握全貌。從標題開始，最後確定條件，結束思考整理；若能從視覺上理解的話，也可以讓對方更容易按照圖解提出意見。

順便一提，我將會在第五章介紹日常使用的五種圖解。

我建議一開始先試著只以四個步驟來整理思路，等到習慣之後，再利用這邊的三種工具來實踐。這樣既能更深入挖掘對方的思考，也可以順利調整對方的心態，最終達成目標。

圖 2-10　強化思考整理的「三種工具」

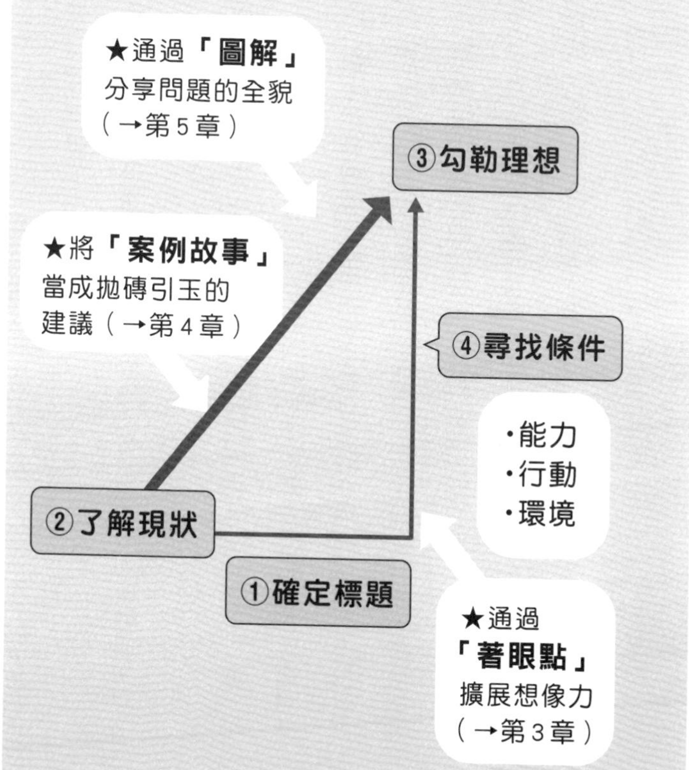

如前所述，倘若自己能找到中心球瓶的話，對方就會以「剛才說的那句話讓我注意到一件事」這樣的開場白打開話匣子。

這個開場白也就是我們成為優秀傾聽者的證據。如果覺得思考整理成功的話，就稱讚一下順利引導對方的自己吧。

進行思考整理的過程中，身為導覽員的自己，就相當於排球比賽中負責「托球」的人。

若自己和對方說：「這樣就能解決你的問題了！」對方可能會客氣地回道：「我會試試看。」但其實內心根本不感興趣；這麼做只是讓自己的心情舒暢，而不是對方。

人們在諮詢煩惱的時候，不太願意接受他人所給予的建議，除非對方是值得信賴的人。大多時候只是希望對方表現出感興趣的樣子，純粹當個好聽眾罷了。換句話說，人們其實是想要自己找出答案，各位應該把諮詢的目的想成是「希望有人幫忙整理思路」比較恰當。

只要利用著眼點、案例故事、圖解，就能比任何人更擅長托球助攻。下一章將會介紹使用這些工具的方法。

第3章

整理思路時要觀察哪些地方？——七個著眼點

● 著眼點正確，就能發現「寶藏」

思考整理可說是幫助對方尋找「寶藏」的旅程。

所謂發現寶藏，是指能夠看見過去未能看見的東西。

只要我們能擁有正確的著眼點，對方就會漸漸地「開眼」，希望大家務必體驗其效果。

著眼點顧名思義就是「眼睛注意到的地方」，可以發揮找出盲點的「眼鏡」功能。

為了讓對方注意到因思考習慣而僵化及漏掉的盲點，我平常從事諮詢工作的時候都會意識著眼點。

和客戶進行每月一次的面談時，我會問對方：「這個月過得怎麼樣？」有時會得到「嗯，和上個月差不多吧」的回答。

如果這時只說「這樣啊，那真是太好了」，隨後便結束諮詢的話，就無法從客戶的身上挖出任何東西。對方也是認為我能幫忙發現什麼，所以才會委託我做諮詢。

圖 3-1　透過思考整理讓對方發現盲點

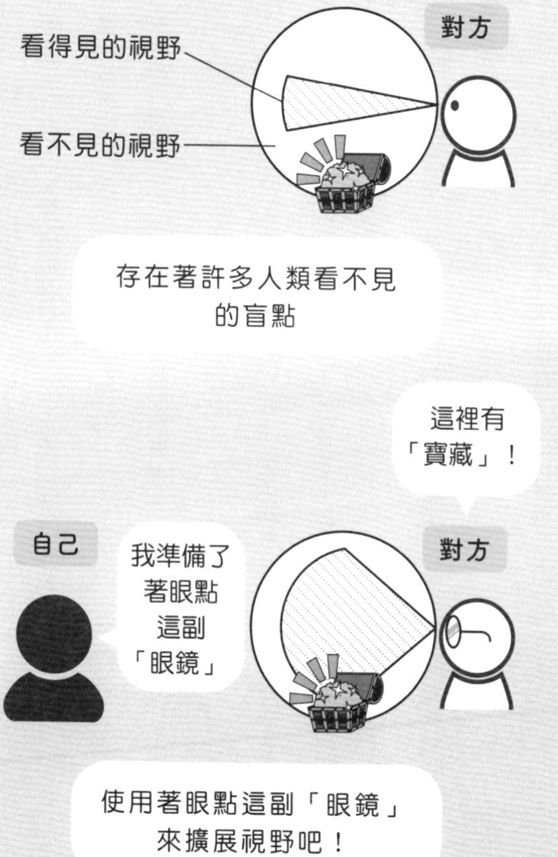

我會從這個部分開始進行思考整理。

「對員工的行動有什麼在意的地方嗎？」

像這樣，試著提出對對方來說重要度高，且與主題相關的問題。

接著對方興致勃勃地說：「我想到了，副社長向其他人傳遞訊息的時候，都沒有考慮到對方的狀況，只單憑自己的印象說話，根本沒意識到剛進公司不久的新員工完全吸收不了自己說的話。」

這種情況下，即便對方回答「沒什麼問題」、「事情很順利」，我也不會完全照單全收，而是在心中思考「應該不是這樣吧」。只回答「現在沒有明顯的緊急棘手問題」，並不代表沒有任何問題，因此這是不容忽視的場面。

如果能著眼於此，一邊提問一邊深入挖掘的話，就會發現當事人在開始談話時也沒有意識到的問題，會一個接著一個浮現出來。

上司與部下面談的時候，著眼於對方所說的哪個部分是很重要的一件事。

「有什麼在意的事情嗎？」「沒有。」「這樣啊。」要是以這種問答形式結束對話的話，就不會注意到部下不緊急卻很重要的課題。

這時，一開口先提出「這一個月來過得如何呀？」這類輕鬆的問題，以營造出對方能夠輕鬆回答各種主題的氛圍。

如果部下回答「沒有發生什麼重大事情」的話，那麼就提出「這樣啊，那還不錯。那麼，A公司的專案進展得如何呢？」這類具體的問題。

到這裡為止，可能很多上司都會無意識地這麼做。為了不停留在確認業務的階段，而是提升至改變對方行動的階段，我們可以試著進行以下的思考整理。

部下：「目前正處於與A公司討論兩個星期後為幹部舉辦公司內部簡報的階段。只要簡報通過，便能開始進行記者招待會的準備。」

上司：「不錯嘛。感覺應該有按照計畫在走吧？」

部下：「是的。一切都在掌握之中。」

上司：「嗯。那麼，有沒有『假設發生這種情況的話就糟糕了』之類的課題呢？」

部下：「有的，如果CG設計師的進度不如預期的話，那就大事不妙了。」

上司：「原來如此。你的意思是，現階段還不算落後？」

部下：「嗯，這部分還不明朗。就算我問對方『趕得及嗎』，也只能得到『我會盡力完成』的答案。」

上司：「我明白了。因為沒有回答『沒問題』，所以對此感到憂心吧。」

部下：「是的。他說A公司的需求實在太多了，不是那麼好處理。」

上司：「這樣啊。給幹部做簡報的日期決定好了嗎？」

部下：「嗯。除了CG以外，其他部分皆按照計畫進行。但是，由於得透過CG來掌握產品的形象，這部分如果來不及的話就無法做簡報。」

上司：「原來如此，那還真是辛苦。你覺得有和CG設計師好好地溝通過嗎？」

部下：「嗯……我再確認一下時程好了。另外再請他讓我看看目前完成多少進度。」

上司：「這樣應該沒問題。如果有什麼我能幫上忙的地方，可以隨時找我商量。」

部下：「好的，非常謝謝您。」

對於習慣在自己的設想範圍內思考的人，我們要幫助他戒掉這個習慣，拓寬其視野，使其經常意識到意料之外的情況。因為「寶藏」幾乎都隱藏在意想不到的地方。

在這個例子中，從上司的角度來看，上司應該會感到十分焦躁，心想「重要的CG來不及完成就無法做簡報了，到底在搞什麼鬼？下下週就要登場了耶？」並告知這件事，做出指示說「現在立刻去確認設計師完成多少」，這是相對簡單的做法。

然而，要是這麼做的話，今後部下沒有得到上司的指示就無法行動。在這種情況下，上司的負擔一直無法減輕，使得上司將不得不永遠處在壓力之下。

上司不發出指示，而是讓對方俯瞰地圖，自己挖掘「寶藏」，這樣一來上司就不會持續背著壓力，也不再感到疲憊。

【著眼點①】對方是否意識到自我價值 ～價值可視化～

「不知道自己的優點。」

「自己是毫無價值的人。」

「反正我這種人……」

世上有這些想法的人比比皆是，這也是思考習慣中最嚴重的症狀之一。

比方說，經常把「反正」掛在嘴邊的人，大部分都是在沒有被誇獎的環境下成長。

即使拚命告訴這樣的人「你有這麼好的地方喔」，也不太會引起什麼共鳴。那是因為自我評價過低，沒有自信的緣故。

遇到這類人，最好的辦法就是讓他們自己意識到自己的價值。

一開始可以詢問對方：

「你認為自己的強項是什麼？」

「你擅長哪些呢？」

這類簡單的問題。

如果對方沒有回答的話，那就試著問他：

圖 3-2 【著眼點①】價值的「可視化」

〈作為對象的症狀〉

沒有意識到自己的價值

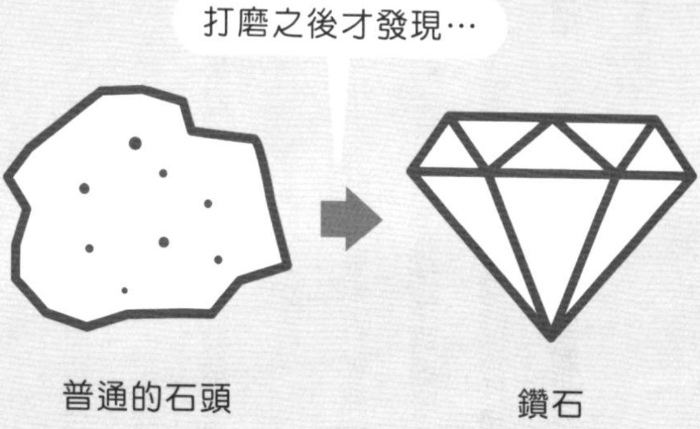

〈效果＆效能〉

- 對失去自信、自我評價低的人有效
- 糾正容易陷入負面情緒的「思考習慣」

「過去做過哪些受到他人感謝的事？」

「至今為止有哪些事受到誇獎？」

這樣或許就會想到一兩件事。

舉例來說，我和受到新冠疫情影響而被餐廳解僱的鈴木先生諮詢時，出現以下的對話。

鈴木：「我在一家餐廳工作，後來被裁員了。雖然在餐飲業服務了十五年之久，如今卻完全找不到工作。一想到今後的生計，夜晚便輾轉難眠。」

和仁：「那真是辛苦你了。鈴木先生覺得自己特別擅長什麼事呢？」

鈴木：「我沒有什麼專長或強項，只能從事外場（餐廳接待客人）的工作。」

和仁：「鈴木先生喜歡哪方面呢？」

鈴木：「我喜歡和人接觸。」

和仁：「喔，很好呀。很少有人可以連續十五年都從事接待客人的工作。光是這樣就已經非

常了不起。我想問一下，我覺得和客人打好關係應該有什麼訣竅。你是如何做到這一點的呢？」

鈴木：「首先要記住客人的特徵。把客人喜歡的菜色記下來，如果那位客人喜歡吃烤魚的話，下次他來光顧的時候就主動推薦說『今天這道烤魚很好吃喔』。」

和仁：「喔喔，這樣客人一定會很高興吧。那你是怎麼記住的呢？是靠記憶呢，還是記在某個地方？」

鈴木：「我回到廚房的時候一定會記在便條紙上，當天下班時我會小心翼翼地整理收好。」

和仁：「要做到這件事實在不容易。你是用什麼方式記錄下來的呢？」

鈴木：「我會在便條紙上寫下日期、客人的名字以及點的菜色，然後將客人可能特別喜歡的菜色畫圈圈，做成一份清單。」

和仁：「是誰教你這個方法的？」

鈴木：「沒有，這是我自己想到的方法。」

和仁：「原來如此。你有覺得自己這麼做能使營業額因此提高，客人還會再來光顧嗎？」

鈴木：「有啊，我服務過的餐廳都有回頭客增加的跡象。好幾家餐廳都有這樣的情況。」

和仁：「我想現在應該有很多客人都因為見不到鈴木先生而感到遺憾吧。」

在這個案例中，當事人並不認為自己「記住客戶喜好並建立關係的技能」有多麼了不起。著眼於這個部分，詢問當事人具體是怎麼做的，那麼本人就會意識到這是「自己思考出來專屬自己的技能」。這也是找到「寶藏」的瞬間。

那個「寶藏」一開始可能是尚未發光的原石。整理思路的伴走者，任務就是把這塊原石磨得閃閃發亮。

因此，我們可以透過詢問如何紀錄、為何有助於增加回頭客等問題，使「記住顧客喜好」這塊原石綻放光芒。將其化為言語的作業就是「價值的可視化」。

假如以這種感覺來互動，結果會如何呢？

鈴木：「我在一家餐廳工作，後來被裁員了。雖然在餐飲業服務了十五年之久，如今卻完全

找不到工作。一想到今後的生計，夜晚便輾轉難眠。」

和仁：「那真是辛苦你了。我想問一下，您從事餐飲業十五年之久，主要是負責料理還是外場招待呢？」

鈴木：「是外場。」

和仁：「在外場不太容易做出差異化。您有做過什麼提升自我附加價值的事嗎？」

鈴木：「附加價值？呃，我不太清楚。」

和仁：「不做些與眾不同的事情怎麼行呢？」

鈴木：「嗯，說得也是……」

和仁：「你今後打算從事什麼樣的工作？」

鈴木：「嗯，一時半刻我也沒有頭緒。我想想看……」

乍看之下，似乎是想挖掘出對方的價值。

然而，被說到「自己才有的附加價值」，恐怕大部分人都會一時答不上來。

「謀求差異化」這句話也應該從對方的口中引導出來，如果由提問的一方說出答案的話，那麼就很難帶出其他的內容。

「今後想從事什麼樣的工作？」這樣的問題，會讓對方覺得似乎是對過去的否定，若在對方脆弱的時候拋出這個問題，對方就會顯得非常沮喪。

一個人的價值，唯有透過自己的語言說出來，才能被當事人所理解。

尤其是像這位失去自信的諮詢者，他已經養成無法正視自身優點的思考習慣。這種狀態下很難進行思考整理，但如果能著眼於對方的價值，糾正其思考習慣的話，就能令其將注意力轉移到自己的優點上。

「價值可視化」這個著眼點，經常在引出四個步驟的現狀和理想時派上用場，有時也會在開始四個步驟之前的階段使用。

當對方因失敗而情緒低落時，首先要讓對方重新認識自己的價值，接著再開始進行四個步驟，這樣的話思考整理就會順利進行。

此外，這些方法也可以用於商務場合。

我曾經詢問某位中小企業的社長：「向顧客傳達什麼樣的價值才能討他們歡心呢？」這裡假設以網頁製作公司為例。

「從這個意義上來說，只要比同行其他公司更認真地聆聽意見，客人就會很高興。」

「聽起來不錯。像這樣挑出客人高興的重點，應該就會成為一種價值吧。貴公司的聆聽是多麼周到，今後能否將這個價值積極傳達給客人呢？」

「啊，我之前怎麼都沒想到。」

用這樣的感覺讓客戶意識到自己事業的價值，指出「是否將這個價值可視化」，對方就會說「立刻去嘗試看看」。

這也是自己沒有做出任何建議，對方也會付諸行動的例子。

事業或專案的價值，想不到連負責人自己都沒有意識到。只要把著眼點放在這個地方，就能使對方開心，大家不妨試著在進行思考整理的時候嘗試一下。

【著眼點②】點子是否變得貧乏　～極端擺脫～

在日本文化裡，「去到想像的斜上方」是一句不知不覺間形成的慣用語。

儘管大多用於負面的意義上，但我將其理解成「出乎意料的厲害想法」，如同在平時想像的基礎上再往旁邊移動一格一般。

前牛郎羅蘭先生曾經受邀上和田秋子的廣播節目擔任嘉賓。雙方展開有趣的對話，最後主持人說：「那麼羅蘭先生，你有什麼話想對和田秋子小姐說嗎？」

羅蘭先生答道：「要是我今晚出現在妳夢裡的話，通告費就算妳便宜一點。」

我聽到這句話的時候，不禁感嘆「好厲害啊」。說起來，和田秋子小姐是演藝圈的大前輩，而羅蘭是受邀的嘉賓。

出現在那位大前輩的夢中這種發想本身就很了不起。

然而這還沒完，在夢中決定通告費，以減少通告費的方式往旁邊橫移一格，我覺得這是一句相當漂亮的發言。

這就是我心目中「斜上方」的發想。

煩惱的人特別會將注意力完全放在眼前的事情上，所以斜上方的發想就是「極端擺脫」的著眼點。

讓我們繼續看看前面提到被餐廳解僱的鈴木先生和我的對話。

和仁：「如果有人突然投資鈴木先生一億日圓的話，您會如何運用呢？」

鈴木：「一億日圓？我會拿去買夢寐以求的獨棟房子吧（笑）。先不開玩笑了，嗯，我想想。我只會做至今為止做過的事，我還是很喜歡外場工作，我只要能在其他店裡工作就心滿意足了。」

和仁：「是啊。沒有什麼比做自己喜歡的事更好了。那一億日圓該怎麼辦？」

鈴木：「嗯，如果有一億日圓的話，就算沒人僱用，我應該也能開自己的店。那樣的話，不但能做自己喜歡的事，也不會被炒魷魚（苦笑）。」

和仁：「這個主意不錯。」

圖3-3 【著眼點②】極端擺脫

＜作為對象的症狀＞

發想限縮

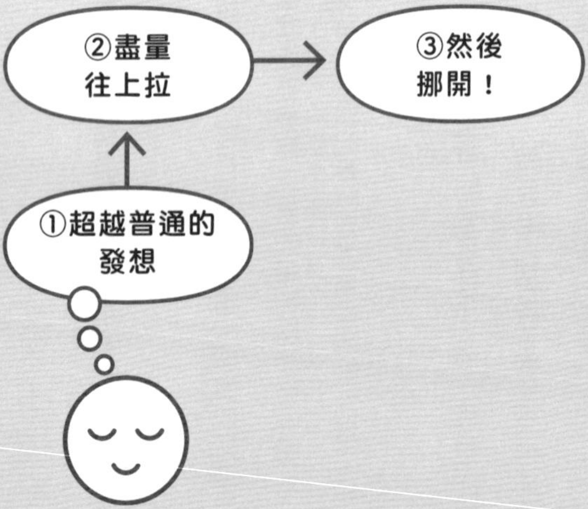

〈效果＆效能〉

- 用「走在想像的斜上方」的發想來擴大想像力
- 擺脫停滯或思考停止的狀態

鈴木：「可是，我對經營又不熟。就算僱用廚師，我也不知道自己有沒有能力管理？」

和仁：「您學會的技能中，有沒有與管理相關的知識？」

鈴木：「咦，怎麼說呢。我又不具備會計知識，能做的頂多只有接待客人吧？」

和仁：「幾乎沒有從外場員工變成經營者的例子嗎？」

鈴木：「不，其實也有這樣的人。是喔，其實我有成為店長的夢想。」

和仁：「喔喔，這不是挺好的嗎？」

鈴木：「也有從店長變成老闆這條路呢。」

以一億日圓為假設，透過極端擺脫的方式，從只能受到僱用的框架中跳脫出來。在這個例子中，由於諮詢者不幸遭到餐廳裁員，對金錢方面感到十分不安，因此試著先以金錢為中心來跳脫框架。

「從公司退休的時候開始倒推會怎麼做？」

「如果在臨死之前回頭看看現在的自己會怎麼想？」

「如果從死後一百年看看現在會怎麼想？」

不過有時也會像這樣，以大大脫離時間軸的方式來跳脫框架。

這樣一來，時間和空間的發想就會擴大，使得眼前的問題變得微不足道，得以與問題稍微保持一段距離。

在思考整理的四個步驟中，如果對方的思路似乎停留在現狀或理想的步驟上，不妨試著用極端的方式擺脫，這樣一來對方的思路就會開始動起來。

【著眼點③】視點的平衡 ～抽象和具體的槓桿～

在經營與統計的領域裡，有「蟲之眼、鳥之眼、魚之眼」這些名詞。

「蟲之眼」是指像蟲子一樣從近處仔細觀察細節的視點，也就是微觀視點的意思。

「鳥之眼」是指像在空中飛翔的鳥兒一樣，從高處俯瞰事物的視點，也就是具有宏觀視點的意思。

「魚之眼」是指像魚隨著潮流游泳一樣，為觀察時代潮流的視點。

在思考整理時，只要讓對方擁有蟲之眼和鳥之眼的話，思考就會愈來愈深入。

每個人的狀況都有所不同，有些人只會說著「現在的全球經濟是這樣的狀況」、「這種工作方法才適合日本」這類抽象的話。這些都適用於鳥之眼。

儘管視野開闊，但對於「具體而言，自己應該考取哪些證照」、「應該選擇什麼樣的工作環境」等問題，卻說不出個所以然來。

反之，也有人只分開談論薪資、福利、休假等公司提供的各種待遇，卻對「那麼你未來的期望是什麼？」這類抽象的問題答不上來。這就是蟲之眼。

無論偏向哪一邊都是思考習慣。將鳥之眼視為抽象度，蟲之眼視為具體度，在心中想像有個在兩者之間來回移動的槓桿，就能好好地平衡對方的思考。

讓我們再看看剛才兩人的對話。

和仁：「問您一個比較抽象的問題，假如您將來要開店的話，您覺得開什麼樣的店比較符合

理想呢？」

鈴木：「咦，這個問題還真是突然。嗯，我不是很喜歡那種裝模作樣的店。」

和仁：「您以前去過什麼樣的店光顧呢？」

鈴木：「我在居酒屋上班，有時候為了研究會經常去居酒屋光顧。只是我不怎麼去吃法國料理或中華料理就是了。」

和仁：「原來如此。若站在顧客的立場，您覺得什麼樣的服務方式會讓您感到愉快呢？」

鈴木：「就像和朋友一起開酒館一樣友善地接待客人，什麼都能輕鬆自在地交談，類似這樣的感覺。」

和仁：「能請您說得更具體一點嗎？像是面積、房租、裝潢、料理價格等等，您對這些有什麼看法？」

鈴木：「讓我想想……。要是居酒屋能得到米其林的肯定就再好不過了（笑）。面積不用太寬敞，只要吧檯以外有幾張桌子就可以了。店面不大，價格略高，但對料理十分講究，像這樣的感覺就很不錯。還有，掌握客人的喜好，透過親切的招待和對話，讓客

圖 3-4 【著眼點③】抽象度和具體度的槓桿

〈作為對象的症狀〉

思考平衡有所偏差

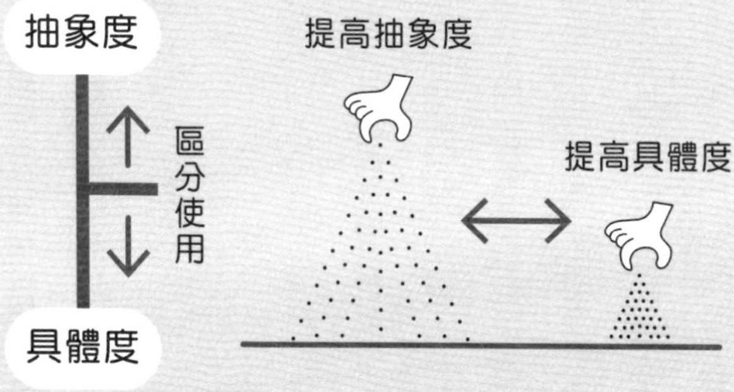

〈效果 & 效能〉

- 拓展被眼前事物束縛的人的視野
- 鼓勵陷入抽象話題的人採取下一步行動

人恢復精神，我想要的就是類似這樣的店。」

和仁：「那樣的店連我都想去光顧耶。在那裡親切地接待客人，這就是您的理想嗎？」

鈴木：「現在因為新冠疫情的影響，人與人的交流變得比較薄弱了吧？所以我才在想，人的溫暖是不是有其必要。」

和仁：「這是個很棒的想法。」

像這樣透過「我想說一些比較抽象的話題」，或者「我可以問得更詳細具體一點嗎？」這樣的開場白來進行詢問，對方的思考就會更加深入廣闊。

在這個案例的最後，諮詢者也開始擁有了「魚之眼」（洞察時代潮流的眼光）。

就像鈴木先生的例子，如果諮詢對象只考慮到眼前的事，那麼就試著運用開場白展開話題，令其擁有鳥之眼，接著再輔以具體的蟲之眼深入思考，使夢想變得更加具體，這樣一來視野就會逐漸開闊起來。

【著眼點④】能否用數字來表達 ～數值化～

這個著眼點是任何人都能馬上應用的方法。

假設前來諮詢的對象決定好四個步驟的標題為「如何增加潛在客戶」。為此，「獲得潛在客戶的程度，假設最理想的狀態是十分的話，現階段應該是幾分呢？」試著像這樣詢問對方心中的數字。**在諮詢現場，我將這種做法稱為「數值化」**。

要是對方回答「差不多是六分吧」的話，既然不是十分，就表示仍有提升的空間。這時，可以先試著問對方：「那麼在這六分之中，自己比較能接受的部分是哪些呢？」

如果對方回答：「很多老顧客介紹朋友過來這個部分。」就可以拋出「那很好呀，剩下的四分需要用什麼來彌補呢？」這類問題。

「倘若只有原來的朋友和朋友的朋友是潛在顧客的話，總有一天就會碰到瓶頸，所以想透過其他途徑增加顧客。」若問出這些問題的答案，就可以提出「如何才能從那裡增加」、「能為潛在顧客提供哪些東西」等問題。

除此之外，還有對滿意度採取「滿分一百分的話打幾分？」「是五階段評價中的哪一個階段？」「如果用登山來比喻的話，差不多是幾合目？」等確認方法。

一旦用數字來表示，由於能清楚區分已經實現的部分與（當事人認為）尚未實現的部分，因此更容易整理思路。

繼續往下看鈴木先生和我的對話吧。

和仁：「您希望一個月至少要賺多少錢？」

鈴木：「因為我有家庭，淨收入希望有二十五萬日圓，實際獎金也得有五十萬日圓左右。」

和仁：「您的年收入大概是多少呢？」

鈴木：「一年實際收入差不多是四百萬。」

和仁：「原來如此。如果賺不了那麼多會怎麼樣呢？」

鈴木：「我現在是租屋一族，房租可不便宜，每個月得花十萬左右。加上孩子現在還在讀

圖 3-5 【著眼點④－1】數值化

〈作為對象的症狀〉

看不清狀況而鬱悶不已

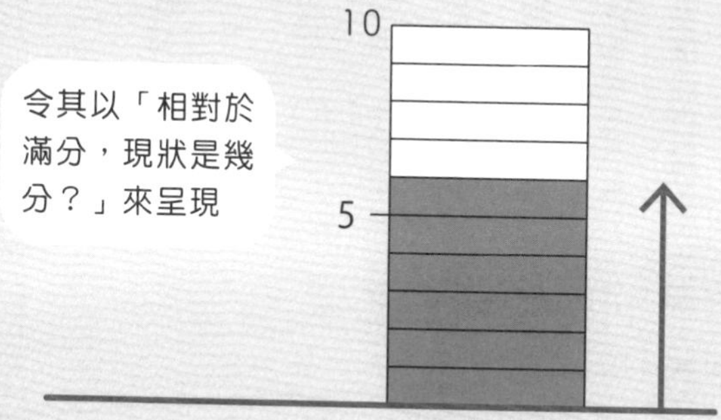

〈效果＆效能〉

- 明確實現的部分和未實現的部分
- 看到理想與現實的差距

書，家裡的開銷滿大的。」

和仁：「原來如此。那麼，假設將來能夠開店的可能性最大是百分之百，那麼現在是百分之幾呢？」

鈴木：「以目前來說差不多是二〇%。」

和仁：「哦哦，有二〇%啊。」

鈴木：「因為有可以幫忙的廚師。」

和仁：「那麼，剩下的八〇%中，什麼是最需要的？」

鈴木：「果然還是開店的資金吧。我的存款幾乎快要見底了。」

和仁：「是嗎。所以說，目前還是需要找到工作的地方。」

鈴木：「不錯。哪裡都可以，我得工作賺錢。」

和仁：「原來如此。在新冠疫情流行之前，大部分的餐廳都苦於找不到人手呢。」

鈴木：「是啊。所以，如果疫苗接種更加廣泛，疫情有所好轉的話，還是有可能找回客人。」

和仁：「是吧。這表示現在是籌備時期吧。」

鈴木：「是啊。所以我正在考慮去朋友那邊幫忙，哪怕只是短期打工也好。靠這種方式勉強撐下去，等到新冠疫情降到一定程度，有徵人機會時再回到居酒屋上班，這樣或許比較好吧。」

和仁：「是啊。先不考慮餐廳，若能拿到日薪的話，還是去工作比較好。不過，這只是眼前的事，將來還是希望發揮鈴木先生的優勢吧。」

鈴木：「是啊。」

和仁：「假如要開店，您希望在幾年後實現呢？」

鈴木：「我希望最好能在十年內開店。」

和仁：「很好啊。為此，您現在應該做的事情是賺到不讓存款繼續消耗的收入，同時設想幾個月後新冠疫情將會降溫，為推銷自己的強項做準備，我這樣理解正確嗎？」

鈴木：「是的，沒錯。」

誠如各位所見，鈴木先生把實現將來夢想的可能性數值化了。即便數值不高，只要不是零的話，就意味著已經開始朝實現目標的道路前進。

考慮轉職的時候，描繪理想到縮小與現實之間差距的過程也很重要。如果不這麼做的話，就會只注意眼前的收入，無法擺脫容易變得負面的思考習慣。

還有一點，後半段除了眼前的問題之外，也要引導對方著眼於未來。

我將這命名為「延長時間軸」。

有很多人都想一口氣解決問題，卻被擋在前面的牆壁所困，導致無法想像未來。

例如，當我向客戶提出「社長，要不要試著做這個」的計畫時，對方經常會回答：「哎，這個東西很麻煩。我現在很忙，實在抽不出身來做這件事。」

我想對方恐怕是希望一蹴而就，因此才會得出「做不到」的結論吧。

之所以會出現這種情況，是因為對方的腦中沒有「時間軸」概念的緣故。

這時不妨提議：「社長，不是突然要您開始著手進行，而是按照第一階段、第二階段、第三階段的順序劃分為三個階段；時間軸可以為一個月，或者以半年內、一年為間隔，根據內容不同，也可以考慮以十年為間隔，這樣您覺得怎麼樣？」如此一來視野就會拓展許多。

圖 3-6 【著眼點④－2】延長時間軸

〈作為對象的症狀〉

只看得見眼前的事，視野變得狹窄

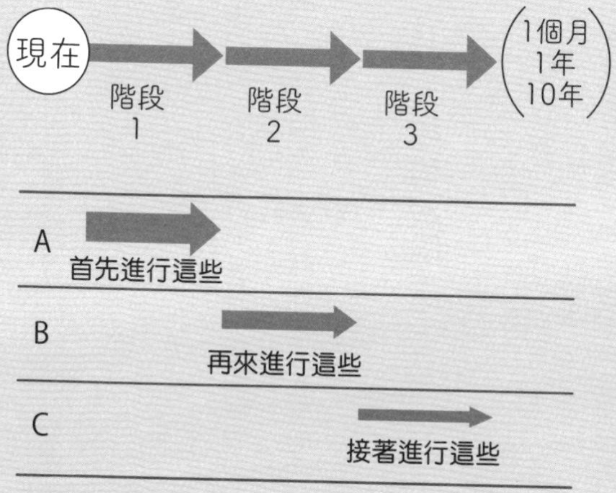

將達成目標的時間設定得比較長

〈效果＆效能〉

- 達到目標的過程可以分成多個步驟來思考
- 視野變得開闊，得以整理從焦慮和恐懼中解放出來的情感讓我們回到與鈴木先生的對話。目前生活拮据，為了賺錢而屈就其他工作，即便做出這樣的選擇，但今後得一直從事自己根本不喜歡的工作，也是一件非常痛苦的事情。所以，當我和鈴木先生談話的時候，我會引導他意識到目前的狀況沒得選擇，要為將來能做自己想做的工作做好準備。

「延長時間軸」對於帶出四個步驟的理想是相當有效的著眼點。只看得見眼前的人，連一年後的事情都沒有餘裕多做考慮。因此，為了提高視線，伴走者要將時間軸延伸至未來。這樣的話一定能減輕對方焦慮的情緒。

【著眼點⑤】哪裡有刺，如何拔除 ~行銷的刺~

有個名詞叫作「行銷的刺」。

這是由全球著名的市場行銷專家傑・亞伯拉罕（Jay Abraham）所提出。

從溜滑梯上滑下來的時候，如果中間有「刺」的話該怎麼辦？

想必大家的反應都是大喊「哇，危險」，同時拚命地抓住扶手緊急剎車吧。明明只要拔去那根「刺」就能順利地溜下去，卻無法鼓起勇氣。

這根刺在行銷的所有場合都有可能出現。比方說，商家的購物網站上有潛在顧客打算購買某個商品，卻因為輸入的資訊太多、程序又複雜，所以中途就放棄了。這便是因為複雜的輸入表單變成了「刺」的緣故。

由此可見，潛在客戶想要簽訂契約，卻遲遲無法達成，那是因為在中間的過程中有某些「刺」阻礙了流程的進行。

倘若對此視而不見，那麼無論用多麼巧妙的行銷話術來吸引顧客，如何巧妙地說服顧客簽約，也沒有多大意義。「行銷的刺」必須先一步發現並拔除。

「刺」的大小和數量各不相同，但誰都躲不過被刺到的命運。

另外，不光是工作，就連私人生活也一樣。

「其實有想做的事情，家人無法理解自己」，因為這樣的想法而不採取行動也是一種「刺」。認定「自己一無是處」也是一種「刺」。

自己很難意識到自己被「刺」刺中這件事。另一方面，也有人是隱約察覺到「刺」的存在，卻不願去觸碰它。

只要透過思考整理引導他們發現並拔去這些「刺」，就會發現原來「做不到」的事情其實是可以做到的。這樣一來，視野就會變得開闊，得以發現與以往不同的選擇。

關於「刺」的拔除方法，讓我們繼續看鈴木先生和我的後續對話吧。

和仁：「假如打算在十年後開店，除了資金之外，還需要什麼東西呢？」

鈴木：「嗯，得尋找開店的地點。我對會計方面一無所知，加上進貨、徵人等等，要做的事情實在太多了，不知道該從何下手。」

和仁：「當一名經營者的確很不容易。到目前為止，鈴木先生的工作有沒有對經營有幫助的地方？」

鈴木：「不，應該沒有吧？剛才我也說過，我只會接待客人。」

圖 3-7 【著眼點⑤】行銷的「刺」

〈作為對象的症狀〉

因為出現看不見的障礙而不願前進

〈效果＆效能〉

- 找到成為障礙的瓶頸，從負面情緒中解放出來
- 看得見發現自己的可能性在擴大

和仁：「例如，您剛才有說過會為了和客人打好關係而記錄情報，像是把這些情報整理成資訊之類的。」

鈴木：「沒有，我沒做這些。做這些事情有意義嗎？」

和仁：「打個比方，提出自己會採取這種做法的證明的人，和只用嘴巴說『我擅長接待客人』的人，您覺得企業會錄用哪一位呢？」

鈴木：「原來如此，你說得沒錯。你的意思是，過去當做是自己祕密的方法，現在告訴別人比較好？」

和仁：「是的。這樣一來，除了被僱用為一般員工以外，說不定還會出現其他的可能性。」

鈴木：「哦哦，你是指能當上經理嗎？這樣的話，也能學到接待客人以外的知識。」

和仁：「是啊。如果您有多年接待客人的經驗，具備讓顧客重複光顧的知識，也有傳授這些知識的技巧的話，難道無法幫助店鋪創造營業額嗎？」

鈴木：「我一直以來都對自己所做的事情很有自信，但從金錢的角度來看，我並未得到太多的讚賞。如果我能當上經理的話，或許就會離成為老闆的夢想更近一步了。」

和仁：「對將來開店很有幫助吧。」

鈴木：「過去我只想著如何受僱於人。不過，若考慮到累積開店的經驗，我覺得應該可以追求更上一層樓。」

在這段對話中，介紹確定四個步驟的理想，考慮條件階段的思考整理過程。

鈴木先生拔除了「不具備管理知識，只會接待客人」的「刺」，拓展出其他的可能性。若不拔除這個「刺」的話，就不會有「轉職是為了實現未來理想」這類目的意識，下次有可能也會不自覺地選擇外場的工作。

若不能掌握抵達終點的一切手段，堅信只能走在這條路上，那麼很快就會踫壁。這也是一種思考習慣。要是對方的視野變窄的話，伴走者不妨用「是不是還有其他方法呢？」這個問題來拓寬對方的眼界。

為了把刺拔除，直接詢問對方：「為什麼這麼想呢？」也是一種方法。舉例來說，如果對方出現「妻子一點也不懂我。」這個念頭的話，試著反問對方：「您為何會這麼想？」

若對方回答：「因為她根本不聽我說話。」

那麼就繼續往下拋出問題：

「你都是在什麼情況下說話呢？」

「您最想告訴她什麼事？」

這樣一來對方或許就會自己主動察覺：「是嗎，原來是因為忙著做家事時找她說話，難怪她沒空聽。」

於是，思考開始向前滾動，出現「不知道她在什麼時候才能好好聽我說話？」的想法。這時，感同身受地拋出「這樣啊，沒有得到理解很難受吧」這樣的話語，傳達出想要貼近對方的態度，對方就會安心地把話說出來。

然而，光是產生共鳴，對方可能只會一直抱怨「這段時間妻子也不聽我說話」、「不管我做什麼都會受到否定」。這樣一來，由於對方遲遲無法消除對妻子的負面情緒，進行思考整理的一方也會很痛苦。

只要能在那裡發現「刺」並拔除的話，對方和自己就不會沉浸在負面的情緒當中，想必也不會感到疲憊了。

還有一點，如果以俯瞰的視角傾聽的話，也可以試著詢問：「看來您和太太相處得不太融洽，您覺得是什麼妨礙了你們兩人之間的關係呢？」

經過這麼一問，對方就會更深入思考：「咦，是什麼東西從中作梗？」

原因或許在於見面時間太短、缺乏肢體接觸、沒有共同話題等等，也可能是因為平時經常在家很煩人，距離感太近所造成的。

這個「刺」也有可能刺在四個步驟中的每一個上。

在確定標題的階段，如果對方提出「如何克服交流障礙」等問題，就要意識到「這說不定就是『刺』」，這樣應該就能發現拔除（解除）的契機。

另外，在整理思路的過程中，有時對方也會反問「這句話是什麼意思？」等問題。這時由於對方已經做好傾聽的準備，因此說出自己的想法也不會有問題。

【著眼點⑥】想像自己的性價比 ～投資回收～

有不少人都很想知道自己的市場價值是多少吧。

若是有知道市場價值的方法，難道不想問一下嗎？

我平時會使用一種名叫「金錢方塊拼圖」的圖（參照第211頁），讓公司的資金流向變得可視化。有許多中小企業都是以隨意記帳的方式來經營，因此無法掌握公司的資金用在哪裡、如何使用。

只要利用這個方塊拼圖將資金流向可視化，改善點就能從「營業額增加一%，毛利率會跟著提高一%；勞動分配率降低一%，經常利益就能增加三〇%」之中浮現出來。

這個方塊拼圖也能用來解決私人的煩惱。

例如，家庭主婦或學生也可以利用這張圖來維持家計或控制零用錢。

如果煩惱的是「如何籌措教育費」的話，那麼只要使用金錢方塊拼圖，就能看出哪個部分的支出應該削減。

若想深入了解金錢方塊拼圖，商務人士或經營者不妨參考拙著《超強的財報・會計故事書》（中文版由大樂文化出版），諮詢顧問可參考拙著《諮詢顧問的經營數字教科書》（暫譯）。

本書提出不同於以往的金錢方塊拼圖使用方法，也就是將自己的市場價值可視化的方法。當表現超出投入的資金時，代表有很高的性價比，可以作為自己的「賣點」來使用。

下面繼續觀看兩人的對話。

和仁：「這就是金錢方塊拼圖。假設店鋪的銷貨收入是一百，成本是變動成本。餐廳的成本率大約三〇%，這樣的話毛利（營業額減去成本後的利潤）約為七十。固定成本從毛利中支付，固定成本約一半是所有人的薪資，也就是人事費。剩下的部分是房租或廣告費。因此，保留利潤，用利潤繳納稅金、償還貸款、進行設備投資，再將剩下的利潤留到第二年使用。」

鈴木：「原來如此。解僱我的那家店因為營業額減少，無法形成這種良性循環。」

和仁：「是啊。未來鈴木先生當然也希望自己應徵的店家可以增加營業額吧。增加營業額有三種方法，增加客數、增加客單價、增加回客率。若能得到鈴木先生的專業知識，應該會增加回客數。一旦回客數增加，營業額就會跟著上升。新增的毛利是鈴木先生的貢獻，所以鈴木先生會獲得加薪，由此產生創業資金。」

鈴木：「哦，我從未如此思考過。也就是說，我在面試的時候，可以提出『如果僱用我的話，本店的營業額就會提高這麼多，所以請給我這個數目的薪水』對嗎？」

和仁：「假設鈴木先生應徵的店家，營業額為一億日圓。其中毛利為七千萬，固定成本為六千萬。包括鈴木先生的薪資在內的人事費是三千萬，利潤是一千萬。在鈴木先生的活躍之下，假設回客率比去年增加了一〇%。雖然客數、客單價依然不變，但回客數增加了一〇%，這個數字相當可觀。」

鈴木：「原來如此。只要我當上經理，定好這些計畫，那麼就不會只有我一個人，而是大家一起執行，這樣就能達到提高營業額的目標了。」

和仁：「是啊。回客率增加一〇%，營業額就會達到一一〇%，也就是一億一千萬日圓。增

圖 3-8 【著眼點⑥】投資回收

〈作為對象的症狀〉

完全沒意識到自己的價值

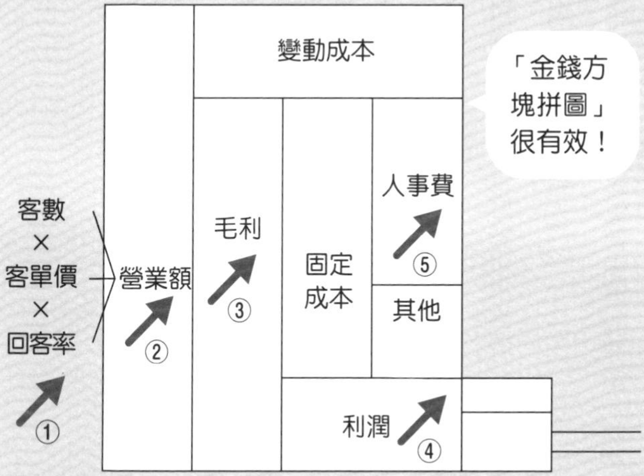

〈效果 & 效能〉

- 知道「換算成金錢是多少」的市場價值
- 看得見行動的性價比

加一千萬日圓，由於毛利是其中的七〇%，意味著增加七百萬日圓。這七百萬日圓的毛利是誰帶來的？」

鈴木：「是我。」

和仁：「分三分之一給您也很正常吧。」

鈴木：「兩百三十三萬日圓啊。若再加上基本薪資就多到不行了（笑）。當然，不是只分給我一人，也要分給其他員工，這樣我比較開心。目前為止我一直很被動地思考著會被哪家餐廳僱用，聽了你剛才的話，我覺得自己好像可以積極地說出『僱用我會有這些好處喔』這句話。」

和仁：「是吧。這樣的話，在店裡的發言權就會增加，可以發揮更大的影響力。」

鈴木：「學會這個方塊拼圖之後，感覺好像可以理解經營的數字了。」

和仁：「哦哦，您注意到它的好處了嘛。」

鈴木：「而且，如果能得到店長這類比以前更高的頭銜，賺更多錢的話，也可以存下開店的資金。」

和仁：「這樣的話，這次找工作就是為了將來開店而換的工作吧？」

鈴木：「原來如此。哎呀，真的是非常謝謝你。我又提起精神了。我決定從今天開始也試著找看看經理的工作。」

與其抽象地說「你具有市場價值喔」，不如具體告訴對方「你能給店家帶來七百萬日圓的毛利」，這樣比較容易令其聯想到性價比。這樣的話，想必就會對自己產生自信。

附帶一提，這個金錢方塊拼圖除了商業經營判斷之外，也可以作為產生創造利潤點子的工具，是非常有用的一項利器。

只要理解箇中結構，也能用於私人記帳或家庭開支上。我有實際去女子高中傳授相關課程的經驗。希望大家能像解謎一樣，享受使用這項工具的樂趣。

【著眼點⑦】情報是否共享 ~情報量的不一致~

在本章的最後，介紹一個與前面內容略有不同的著眼點。

我認為，世上有九成的人際關係糾紛，都是因為「情報量不一致所引起的」。

人們往往會以不投緣、個性不合這類情感語言來解釋，但如果雙方掌握的情報一致的話，就能互相理解「對方由於那個原因，才會做出那樣的行動」。

這種情報量不一致所帶來的落差、問題或誤解是常有之事。正因如此，只要有不受情感左右的第三者介入，溝通就會變得更加順暢。

因立場、價值觀的不同等原因，導致無法順利溝通的時候。

為了相互討論，登上相同條件的著眼點就是「情報共享」。如果沒有做到情報共享，雙方就會分別站在遠處爭吵，永遠無法相互理解。

舉例來說，假設有A課長和部下B先生。

A課長是專案負責人，B先生則是從旁輔佐A課長的人。然而，A課長在工作上犯了很多錯誤，部下B先生總是在後面收拾爛攤子；對此焦躁不安的B先生，於是向A課長的上司部長申訴。

部長聽了B先生的話之後，覺得A課長的領導能力不足，開始產生「要不要乾脆將負責人換成B先生？」的念頭。

要是此時完全相信B先生所說的話，把A課長從負責人的位置拉下來的話，想必事情就會變得更糟糕。

不過，若是部長告訴自己「現在先冷靜下來」，於是也試著聽A課長的解釋，結果得到令人意外的答案。根據A課長的說詞，原因在於「工作從四面八方一口氣湧了過來，導致工作量超出負荷」。

A課長對人十分和藹，卻也不擅長拒絕他人要求，因此才會出現這種情況。再加上，A課長還反過來控訴：「B先生有更多可以支援的部分，但就算拜託他，很多事情他也不願意幫忙。」

像這樣傾聽兩人的對話，收集完整的情報，就能開啟通往問題本質的道路。光聽其中一方的意見，情報會出現偏頗，所以要在聽取雙方的意見之後，以完整的情報來解開誤會，這就是解決雙方矛盾的關鍵。

為此，部長或許有必要對A課長和B先生雙方進行思考整理。重新評估A課長的工作量，讓A課長做到什麼程度，從哪個部分開始交給B先生負責，明確規定職責和業務範圍，這樣一來工作應該就會開始運轉起來。

如果靠兩個人仍不足以應付工作的話，也可以考慮再增加一個人過來支援。

到這裡為止，我從平時在諮詢現場所重視的數個著眼點中，介紹了七個活用頻率較高、相當有效的著眼點。

除了整理思路之外，這些技巧也適用於各式各樣的場合，大家何不抱著姑且一試的心態一一實踐呢？我想一定會出現有趣的效果。

圖 3-9 【著眼點⑦】情報量的不一致

〈作為對象的症狀〉

和他人之間產生誤會

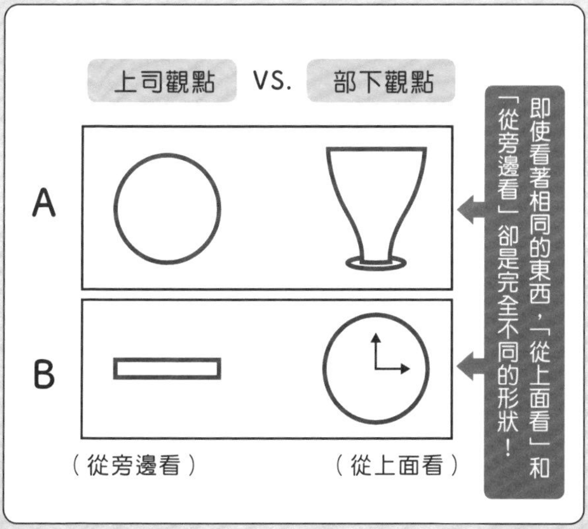

〈效果＆效能〉

- 透過收集到的情報量來消除誤會，相互理解
- 發現解決問題的途徑

第4章

當思考整理停滯不前時怎麼辦？

——案例故事

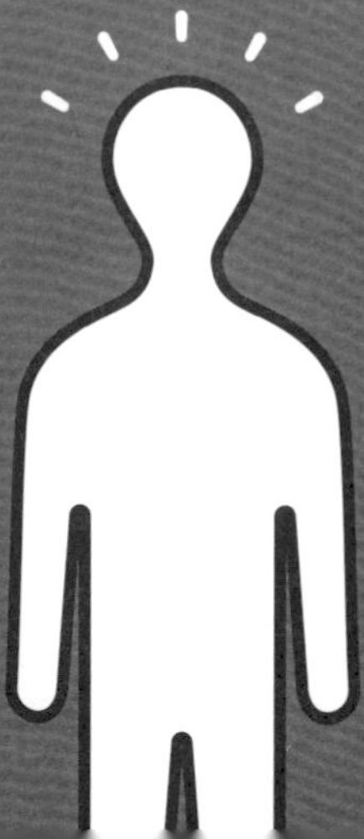

● 一旦思考停滯，就借助故事的力量

在電視上經常可以看到減肥廣告。看到使用前、使用後戲劇性的變化，令人情不自禁受到吸引。這大概是因為案例看起來就有如事實的緣故吧。

說話總是很有說服力的人，到底有什麼地方不一樣呢？是聲音、手勢這類說話方式，還是說話的內容？

我認為真正發揮說服力的是「案例故事」。

案例在字典中是「有前例的事實」的意思。案例故事是我自創的詞彙，作為「講述事實的故事」的意思來使用。

故事擁有力量，人心會受到故事所吸引。

每個人都會在不知不覺中被案例故事說服。

在整理對方思路的時候，案例故事也會帶來巨大的效果。

圖 4-1 幫助整理思路的「案例故事」

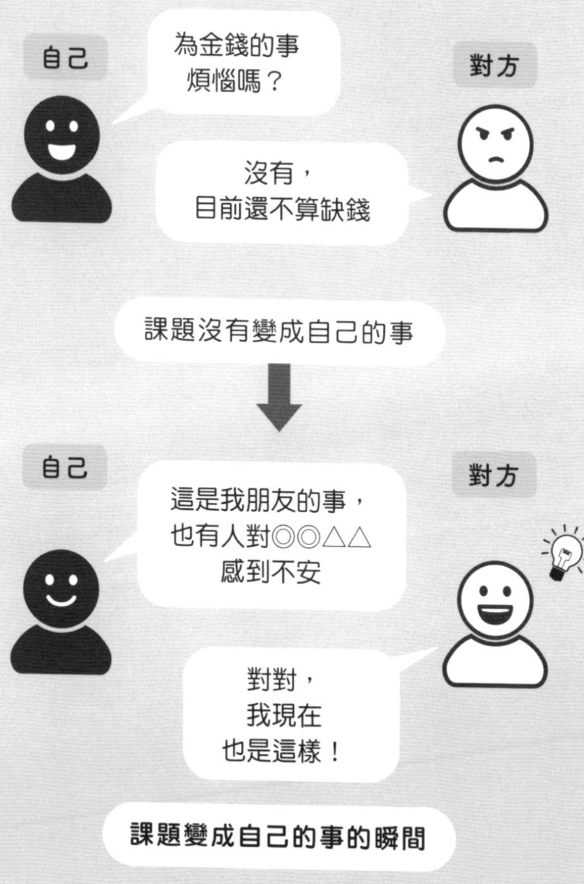

若和對方不是那麼熟識，那麼在進行思考整理時，就算問對方：「你怎麼看？」也多半不會輕易得到答案。

對方陷入沉思、躊躇半晌，遲遲說不出半句話。一旦被問到平時從未思考過的問題，人們往往會不知道該如何回答。

我在剛開始從事諮詢顧問工作的時候，便注意到當對話陷入這種空白的時刻，需要提供一些素材來拋磚引玉。

不過，由於剛開始還不習慣拋出話題，因此我會說出「感覺現在社長是對缺乏資金這件事煩惱不已」這類答案。

對方聽見我這麼說，於是回答：「沒有，目前還稱不上缺錢。」我又問：「難道對金錢方面不擔心嗎？」對方說：「不，其實也不算沒有。」結果對話就在沒有弄清楚問題的情況下草草結束。

太過直接詢問「你在煩惱金錢方面的事嗎？」會讓對方很難回答。既然如此，何不把這樣的狀況說成故事呢？於是我開始採取分享「案例故事」的方式。

「我認識一位經營者，他告訴我現在沒有資金方面的問題，事業都有盈餘。只是在當今這個社會，沒人能保證將來能不能保持同樣的營業額。主要客戶也有可能會突然撤換合作對象。所以有些人會因為看不出半年後的金錢流向而感到不安。」

只要說出這樣的案例故事，對方就會露出一副興致勃勃的樣子說：「對對，我現在也是這樣！」這樣的話就不是說服或建議，感覺像是「只是在說自己認識的人的事」，比較容易讓對方產生共鳴。

●案例故事的三種模式

案例故事主要分為三種。

・自己的案例

簡單地說，就是把自己至今為止的體驗用故事來描述。

在整理對方思路的過程中，如果直接說出「我是這麼想的」這類意見，即便自己沒有那個意思，對方也會認為是你在說服或給予建議。

這時如果講述自己的親身經歷，會給人一種「提供思考材料」的感覺，從而喚起對方的共鳴。同時也能若無其事地將自己的經驗值傳達給對方，縮短距離感。

但是，為了避免變成炫耀，成功故事千萬要低調處理。

・他人的案例

和自己認識的身邊人直接相關的小故事。縱使對方不認識這個人，也可以說「在我的朋友中有這樣的人……」，只要內容符合對方目前的處境，對方就會瞬間擺出傾聽的態度。

・名人的案例

如同本書提到的羅蘭先生的例子，舉出藝人、運動選手、評論家等家喻戶曉的名人案例，就會更有說服力，也比較容易引起對方的共鳴。

圖 4-2 案例故事有「三種模式」

1. 自己的案例
2. 他人的案例
3. 名人的案例

〈注意點〉

- 避免多餘的「自說自話」
- 準備以對方為出發點的案例
- 不要長篇大論，簡單扼要地傳達重點

若要列舉商業上的案例，通常會採用松下幸之助、本田宗一郎、史蒂夫・賈伯斯等知名商業領袖的故事。

明明對方沒有要求，卻滔滔不絕地大談自己的經歷或自吹自擂，這叫作「自說自話」。先不論已建立相應信賴關係的情況，自說自話基本上很糟糕。特別是沒那麼熟的人，有可能會認為你在「炫耀」，這部分必須注意一下。

自說自話與案例故事之間的界線，就在於是否以對方為出發點進行思考。

倘若只想大談自己的經驗，視野就會變成以自己為出發點。這種情況下，由於是為了滿足自己的認可欲求而自說自話，因此不容易引起對方的共鳴。

「希望作為對方煩惱時的參考」，這是以對方為出發點，若能再加上適當的開場白，案例故事應該就會深深打動對方的心。

當然，因為是用來拋磚引玉的案例故事，所以最好別長篇大論；簡單扼要地傳達重點，讓對方注意到問題，才是最重要的一件事。

例如，明明要說獨立創業第十年的事，卻追溯到剛獨立創業的時候，這樣一來對方就得聽完十年的內容，最後才有可能談到核心。

在這樣的情況下，即使說到第十年發生的事，焦點也會變得模糊，什麼事也傳達不了。

為了簡單扼要地傳達給對方，平時就必須先準備好一些案例故事。本章將針對這個方法進行說明。

● 把他人的事，變成自己的事

使用案例故事的時候，重要的是如何把他人的事變成自己的事。

對於欣賞同一部電影或電視劇的人來說，應該很容易產生「那部電影的那個場景出現過這樣的台詞吧」的共鳴。

順帶一提，一直負責我的書的編輯，他和我一樣都是職業摔角迷，所以我們聊天的時候經常會提到職業摔角的案例故事（笑）。

各位在觀賞電影或電視劇的時候，應該都有將自己投射到主角身上，不由自主地流淚、生氣或開心的經歷吧。這就是故事的力量。

在介紹案例故事時，有時也會出現同樣的現象。我將其命名為「電影效果」。**這種效果是通過案例故事產生共鳴，將他人的事當成自己的事時才會產生。**如果能發揮出電影效果的話，那麼就可以說思考整理成功了。

假設有位社長的煩惱是「員工和自己的立場不同，彼此對公司經營現況的危機感存在差距，為此感到焦慮不安」，不妨用下面的案例故事來舉例。

我認識一位牙科醫院的院長，他是五十多歲的男性。口腔衛生師大多是二十多歲的女性，所以這位院長擁有超過三十年和年輕世代一起工作的經驗，在年齡、性別、雇傭關係等各個方面，都和這些女性有很多立場上的不同。

雖然院長處在這樣的工作環境下，但和這群口腔衛生師談起患者治療方面的事情時，也能以同為醫療人員的心態進行討論。然而，當他每月召開一次經營會議，把這個月的患者人數、營業額、取消率寫在白板上，提到「如何達成目標」之類的話題時，員工的臉色就會頓時陰沉下來。

儘管員工沒有明說，但他能夠深切感受到一股「醫療竟會如此重視營業額」的批評氛圍。

身為經營醫院的院長，即使從事醫療工作，也必須將利潤納入考量，但員工完全無法理解這一點，使得他大為感嘆。

連續幾個月營收未達標準，連發獎金都有困難，這位院長決定只好自掏腰包。

可是，員工非但沒有感激，反而露出失望的表情說道：「蛤～怎麼只有一半？」

院長一臉沮喪地告訴我：「因為立場不同，這也不能怪大家，但有種空虛的感覺。」我認為這正是「因立場不同而產生的危機感偏差」的表現，這樣各位可以想像嗎？

我把這個案例故事說給有同樣煩惱的中小企業社長聽，他深有同感地抱怨道：「我懂，因為我這裡也是一樣。員工也真是的，根本就不明白經營有多辛苦，卻提出各式各樣的要求。」「不履行身為員工的義務，只一味地主張權利。」

就像觀賞電影時一樣，把自己與故事中院長這個角色的立場重疊在一起。

在這種情況下，就算提出「貴公司的員工似乎沒有危機意識，如果讓他們也擁有管理者意識的話，是不是比較好？」這樣的建議，對方可能只會覺得「話是沒錯啦，可是……」、「要你多管閒事」。

如果用案例故事的形式說給對方聽，對方就會客觀地認為「那還真糟糕」。在聆聽這位院長艱苦奮鬥的過程中，對方開始萌生出「我是不是也得想想辦法」的當事人意識。

這樣一來，想必對方就會開始思考「如何向自家員工傳達危機意識」這件事了。唯有自己發動，引擎才會開始啟動。

案例故事的優點在於，假設和對方的情況不完全一致而遭到否定，由於否定的並非自己，而是故事，因此幾乎不會對我們造成任何傷害。

對方在哪種情況下會迷上什麼樣的案例故事，我們可以透過不斷嘗試拋出問題來漸漸掌握訣竅。

● 創造以對方為主角的故事

我經常被人說：「請站在對方的立場想想。」

但是，對方的成長環境、思考方式、價值觀，以及當前的狀況，方方面面都和自己有所不同，豈有那麼容易就能站在對方的立場思考。

如果認為要做到這點並非難事，那很有可能只是「自以為了解」罷了。為了從「自以為了解」的狀態跳脫出來，不妨整理一下思路。

我認為，**了解對方背後的故事，有助於關懷對方，這樣或許就能理解對方的立場。**

就如「飢寒交迫的孩子為了生病的妹妹偷食物」的例子一樣，即使無法對對方的言行感同身受，在不得不採取這種言行的背景下，也會產生共鳴。

所以，我在進行思考整理的時候，會詳細詢問對方故事中的登場人物，在心中想像一下對方的背景故事。

如果對方因為「和親師家長協會的會長處得不好」而煩惱的話，不妨打聽該會長的性別、年齡、性格和行為，想像「這種類型的人可能會採取怎樣的行動」。如此一來，我們就能像自己的事情一樣了解諮詢對象正在煩惱些什麼。

情報不只有一部分，而是以對方為主角串聯在一起，編成一個故事，這樣就能將對方目前的處境化為腦中的影像。

不這麼做，反而在不了解狀況的情況下，自認「對這樣的人說出更明確的意見應該比較好吧？」而提出建議，對方有可能會以「事情沒那麼簡單」為由拒絕。

這樣別說整理思路了，反而讓對方的心情更加鬱悶。

另外，其中不乏只希望別人聽自己發牢騷的人。對方到底是多麼認真地煩惱，不試著問問看是不知道的，因此傾聽對方說話前讓自己變得無色透明，可說是相當重要的第一步。

況且，世上也有想法非常悲觀的人。

例如，認定「那個人討厭自己，才會有意避開自己」的人。

就算對這樣的人說：「不會啦，是不是你想太多了？」對方的想法也不會改變。這種情況下，不要否定對方的背景故事，我們可以用其他的案例故事讓對方注意。

我的上司工作太忙了，有時候根本找不到人。電話既打不通，LINE也沒看，可是看到其他同事馬上就收到他的回覆，難免受到打擊，覺得『自己該不會被討厭了吧』。然而直接一問才知道，上司只是按照工作的重要程度來決定優先順序罷了。交期短的案子回覆較快，交期長的案子延後回覆；知道上司的處理方式之後，我才懂得耐心等待回覆。

像這樣說明與對方所處狀況類似的案例，或許就能讓對方產生「原來是這樣啊，那我就試著鼓起勇氣詢問對方吧」的想法，進而採取下一步行動。

即便如此，對方也有可能堅持己見：「不，那個故事和我的情況根本無法相提並論，因為討厭我的人是一看到我就飛也似地逃走了。」如果我們舉出的案例故事有偏差的話，那就另當別論了，但假如不管我們說什麼，對方都悉數否定，這時我們只要回答「喔，這樣啊」便不再多說什麼，才是明智之舉。

要是對方把自己關在框架內，根本聽不進對方的話，那就不要勉強打破這個框架，置之不理方為上策。因為對方現在根本沒有意願走出框架。

不過，即使這個案例故事不能產生立竿見影的效果，對方也有可能在某個時機意識到「那個人或許其實不討厭自己」。因此，或許用埋下伏筆的心態來看待這件事比較好。

不管怎麼說，只有自己才能從框架中跳脫出來。

即便為對方準備好可以跳脫出框架的梯子，但要不要爬上梯子仍是由對方來決定，這一點最好牢記在心。

● 潛入對方內心的「靈魂出竅」想像法

我在整理思路的過程中，會靈魂出竅潛入對方的內心……這種說法有點像恐怖電影，但實際上我就是透過這樣的想像去了解對方的背景故事。

舉例來說，假設有個部下總是與周圍的人發生糾紛。

本人似乎認為自己一點問題也沒有，就算前輩提醒他，他也經常以「大概是對方誤解了我的話」這句話把責任推給別人。

看在周圍的人的眼裡，或許會覺得這個人就像是「火星人」一樣無法溝通吧。

無論再怎麼努力，也不可能從外部理解這種人的想法，因此我們必須透過整理思路，傾聽對方的話，潛入對方的內心，從對方的角度來看待事物。

這麼一來，說不定就會看見「大家都不了解我」這幅景象。

如果對方突然說出「我已經很努力工作了，卻得不到大家的認可」之類的話時，就能看見抱持不被認可的懊悔和孤獨感的「對方真實樣貌」。

抱持懊悔及孤獨感的人，眼前看到的是什麼樣的景色呢？

一旦看見這個景色，即可向對方拋出「你經過努力卻得不到認可，是否有過再也不想做任何事的念頭？」這類問題。這樣一來，對方就會回答：「有啊有啊！畢竟不管我再怎麼解釋，人家還是會認為『是你的不對』，這當然會讓人失去幹勁。」

通過這樣的對話，了解對方也有自己的理由，這樣的話，阻隔對方和自己的那道牆就會消失不見。

在「上司」的立場來看，即使認為「為何那傢伙總是做出令人難以置信的舉動？」只要試著走進對方的內心，就會看見「原來本人是因為得不到認可而感到難受啊」這個不同的景色。**只要了解對方的背景故事，那麼在整理思路的時候，無論是帶出話題的方式，或是傳達給對方的案例故事，兩者都會發生變化。**

對方有對方的難處，所以別擅自斷定「那傢伙是麻煩製造者」，試著利用靈魂出竅的方式進入對方的內心，想必就能見到從外部看不見的對方真實感受。

● 隨時隨地保存案例故事的訣竅

專業的說書人可說是案例故事的寶庫。

說書和落語的區別之一就在於是真實還是是杜撰出來的。

說書基本上是一種以宮本武藏、大岡越前等真實人物為原型來描述故事的技藝。舉例來說，忠臣藏講述的是赤穗四十七義士為了替主人報仇而襲擊吉良上野介宅邸的故事，不過說書中也有講述四十七義士各自從襲擊前到切腹這段期間的軼聞。

這正是案例故事。

說書和落語一樣，有時也會在登台之後才根據現場氣氛來決定演出節目。因為擁有數百個素材，可以臨時挑選適合現場觀眾的案例故事進行演出。這大概是專業說書人才能做到的神技吧。

一般人若想隨時隨地都能列舉出案例故事，必須以可見的形式把故事保存下來。

建立習慣之後，在進行思考整理的過程中就能臨時想到案例故事並說出口，但一開始怎麼樣也想不出來。因此，**只要將自己的經歷、周圍的人發生的事、名人心中的難忘經歷等記錄下來**，這樣就能在需要的時候輕鬆想起。

舉例來說，在聚會上和其他人聊得正起勁時，有時會說出很不錯的故事。

這個時候，我不會聽完大家「剛才講的真好」、「受益匪淺」等讚美之言就心滿意足地結束，而是會當場記下來。即使想著「之後再記下來」，人類的記憶也未必那麼可靠，在回家路上忘記也是常有之事。

儘管也可以記在免洗筷的袋子或記事本上，但紙張很容易弄丟，最好還是輸入到手機比較保險。只要暫時離開座位，把內容輸入手機的記事本軟體內，就不會破壞現場的氣氛了。

通常我會將內容輸入到Evernote這個記事本應用程式當中。

舉個例子，假設想預約高級餐廳來慶祝結婚紀念日或家人的生日。

這家餐廳的料理以美味著稱，在美食網站也有很高的評價。滿懷期待地打電話過去預約，接聽的人卻說：「啊，請您稍等。」結果等了好幾分鐘之後，對方才冷淡地回答：「晚上七點已經客滿了，八點以後才有空位。」遇到這樣的情況，想必會讓人十分掃興吧。

也許只是那位員工剛好應對比較草率，但在重要的慶祝日無論如何也不想去有這樣的員工所在的店家消費。

因此最終決定預約其他店家……。假如有這樣的體驗，就立刻在Evernote輸入「感覺似乎可以用在什麼地方」。

從微不足道的小事，到驚天動地的大事。無論是從別人那裡聽來的令人印象深刻的故事、名人的軼聞趣事、愉快的話題或羞恥的失敗經歷，都可以盡量儲存在Evernote當中。如果嫌手動輸入麻煩的話，也可以用語音輸入。

這時只要加上「案例故事」、「接待客人」、「家人」這類標籤，日後需要這個故事的時候，就能立刻找出來。

當然，在對方面前進行思考整理的時候，我不會拿手機出來搜尋，同時口中嘀咕著：「呃，那件事是什麼來著？」而是像放進自己心中的一個抽屜裡一樣。

此外，記錄下來的時候也會留在記憶當中，一旦遇到必要的情況時，就能立刻想到「現在把當時餐廳的小故事說出來，對方或許會產生共鳴」。

不去死記硬背，只要經常進行思考整理，就會遇到「這種情況下若能說個故事該有多好啊」的情況。

為了在下次遇到同樣狀況時能說出來，不妨事先預習一下，想必就能很順利地說出「上次我想預約餐廳，結果卻……」。

案例故事是在嘗試和犯錯的過程中逐漸磨練出來的。一開始可以試著從和朋友閒聊的程度開始。

第5章

思考整理的可視化
——圖解

●採用圖解，就能瞬間整理思路

我撰寫這篇原稿的時候，正值東京二〇二〇年奧運期間（二〇二一年七～八月舉辦）。當時奧運開幕式的圖像表演引起熱議。這項表演是由默劇演員們表演象徵奧運項目的五十種圖像。

之所以會採取圖像表演的形式，是因為一九六四年東京奧運的時候，日本人缺乏與外國人溝通的英語能力，使得「創造全世界任何人都看得懂的標誌」這個點子應運而生。

如今，在緊急出口、廁所、電梯的標誌等處，幾乎所有的場所都會使用圖像。

由此可見，圖解是全世界共通的溝通工具。

世界各地遺留下來的洞窟壁畫中也留有幾何圖形。據說從遠古時代開始，人類就懂得用圖案進行溝通。

在現代，圖解依然是能在短時間內傳達意思的最有效方式，因此相當受到重視。

舉例來說，在簡報資料中逐一列出重點讓聽眾閱讀是基本的做法，可是這樣一來就必須將逐條列出的文章從頭到尾讀過一遍，需要花一些時間才能理解。

何況，即使理解每篇文章的意思，也不容易掌握整篇文章的全貌。

另一方面，若能將逐條列出的內容整理成圖解的話，就可以一眼看出「這個商品能夠吸引這些目標客群」這類情報。

我在進行思考整理的時候也經常使用圖解。

四個步驟的三角形也可以畫圖，除此之外還可以配合對方的言語畫圖，向對方確認「是這樣嗎？」「對對對！」對方和自己的認知就會瞬間達成一致。

只要用圖解來呈現，就能讓對方和自己的情報量保持一致。在著眼點的章節（第三章）中也提到過，很多人在情報量不一致的情況下進行討論，導致對話無法平行進行。

在整理思路的過程中，一旦故事變得複雜起來，可以透過畫圖來整理故事的交通，這樣就能以最短的距離到達終點。

我從以諮詢顧問身分獨立創業的時候，就開始使用各式各樣的圖。這是因為我自己很難理解對方長篇大論的說明，這時我會比其他人更想告訴對方：「能不能說得更淺顯易懂一些？」

為了消除「希望盡量簡化」的欲望，我開始使用圖解來說明。圖解除了能即時溝通之外，還有好幾種效果。以下將詳細說明。

圖解的效能① 掌握整體感

舉例來說，從事諮詢工作，對社長進行思考整理時，假設出現多個登場人物。有社長，有二把手專務，還有四個部長，而每個人之間的溝通都不順暢；在這種情況下，如果話說到一半有人問道：「營業部部長A先生和製造部部長B先生的關係不好嗎？」這時腦袋應該會打結吧。

圖 5-1 瞬間使雙方情報量達成一致的「圖解」

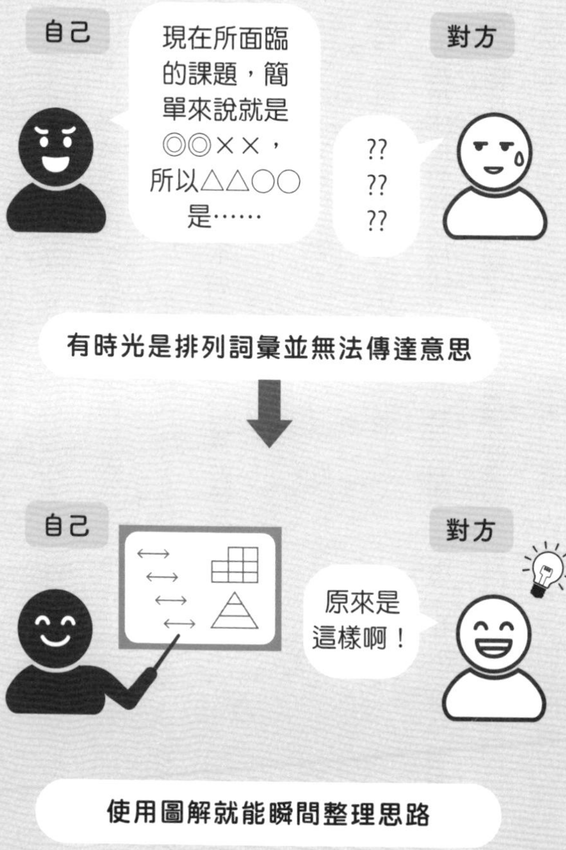

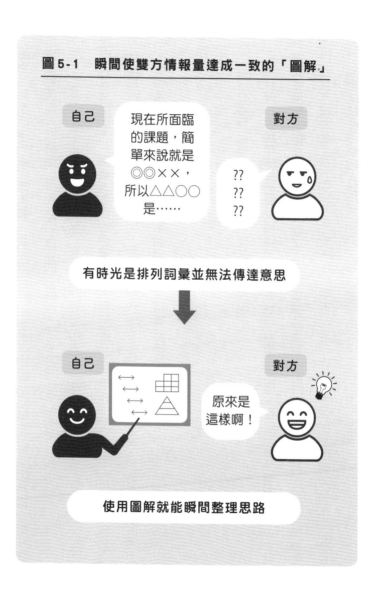

然而，只要將這些畫成關係圖（參照第252頁），你看，不是一目瞭然嗎？因為能一眼就看出每位角色的人際關係，掌握談話內容的全貌。

傳送文字檔案時，雖然內容豐富，容量卻很小；傳送圖片檔案時，雖然一張A4紙就能呈現，容量卻很大，會發生這樣的逆轉現象。

同樣地，在簡報時聽文字的說明，情報量很多，卻無法提高理解程度，如果是用圖解的方式，情報量變得緊湊，理解程度卻加深了，像這樣的情況十分常見。

圖解的效能② 暴露出盲點

一旦透過圖解掌握全貌，就會更輕易發現盲點。

畫出社長、專務和部長們的關係圖，弄清楚整體的關係之後，在進一步談話的過程中，就有可能發現原先漏掉的人物。同樣以252頁的關係圖為例，假設對話過程發現：「這個指令是由出現在那裡的某人指示的嗎？」「啊，那個人沒有列出來，是我們部門的阿局女士。」就有可能像這樣補足新的人物。

只要進一步深入挖掘的話，就會發現實際上那位阿局女士是公司內部掌控整個公司的幕後老大。

圖解具有將這些隱藏的問題「可視化」的效果。

附帶一提，圖可以畫在白板上或者筆記裡，寫在任何地方都無妨。我會快速地寫在便利貼上，並拿給對方看，問道：「是這個意思嗎？」

接下來，我將介紹自己在整理對方思路時經常使用的五種圖解模式。

● 五種圖解模型，整理思路超有效率

(1) 想呈現計畫時，就使用「甘特圖」

「希望什麼時間前實現那個目標？」

「達成目標前有什麼計畫？」

一旦進行思考整理，就會出現這類呈現時間的場景。

這時甘特圖就能派上用場。橫軸為時間，縱軸為領域，第一階段從這裡到這裡，第二階段從這裡到這裡……。像這樣用箭頭來表示階段的推移。

讓對方的腦中建立起時間軸的概念，就能看見「是嗎，雖然無法立即全部完成，但只要三個月做到這裡就可以了」的計畫。

舉例來說，小學生每年都會在八月三十一日急著完成暑假作業，如果能在一開始放暑假的時候畫出甘特圖，制定好計畫的話，或許就不需要臨時抱佛腳了。

A：七月二十日～七月三十一日：算數練習（共三十小時）

B：八月一日～八月五日：漢字講義（共五小時）

C：八月六日～八月二十日：閱讀心得報告（共六小時）

D：八月一日～八月三一日：自由研究（共十小時）

E：七月二十日～八月三十一日：繪畫日記（共二十小時）

如下一頁的甘特圖所示，只要搭配大致預估時間來做安排，就不會出現「從哪個部分開始做」這樣的混亂，說不定也會減輕精神上的負擔，覺得「沒想到作業其實沒那麼多」。C的閱讀心得報告和D的自由研究，可以按照「用十天閱讀，用五天寫閱讀心得報告」的方式，來製作更詳細的圖表。

只要看清楚全貌，即可決定「上午只要做算術練習和繪畫日記，下午就可以玩個痛快！」這樣的一日計畫。我從女兒上小學時開始，每次暑假就會製作這個計畫表的表格，讓她和我一起動腦思考內容要怎麼寫。

另外，成年人考英語檢定的時候，若總是拿「雖然很想考，但因為太忙而沒時間學習」當作藉口的話，這時就需要使用甘特圖。

若決定好考試日期，那麼就從那天開始倒推。先從背英文單字、背文法、練聽力……這

圖5-2　有助於整理思路的圖解

(1) 想呈現計畫時，
就使用「甘特圖」

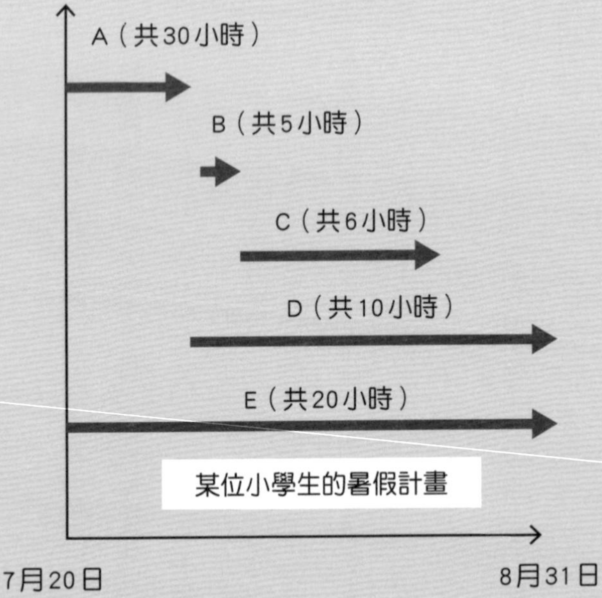

些應該要做的功課來安排，決定期間進行劃分。然後再進一步細分「假如用三個月來背英文單字的話，一天至少要背幾個單字？」想必就會得出「一天只要背十個單字就好了嗎？這樣沒問題」這樣的結論。

只要用甘特圖來呈現計畫，就能消除「要做的事情太多了，所以沒辦法」這類先入觀念的思考習慣。

(2) 想呈現人際關係時，就使用「關係圖」

顧名思義，這是用來表示多人關係的圖。

除了用像金字塔一樣的圖表示之外，也有用多層圓圈的圖來呈現的方法。

如前所述，在出現多個登場人物的情況下，畫出這張關係圖就能一目瞭然。

除了主要的登場人物之外，「我們公司的會長現在幾乎不干涉現場的事，但偶爾會對身為社長的我唸個幾句」像這樣出現這類配角時，我會在旁邊稍微補充說明。

像這樣**做成關係圖，就可以互相確認目前發生的狀況是由哪些登場人物編織而成的。**不僅

圖5-3　有助於思考整理的圖解

（2）想呈現人際關係時，就使用「關係圖」

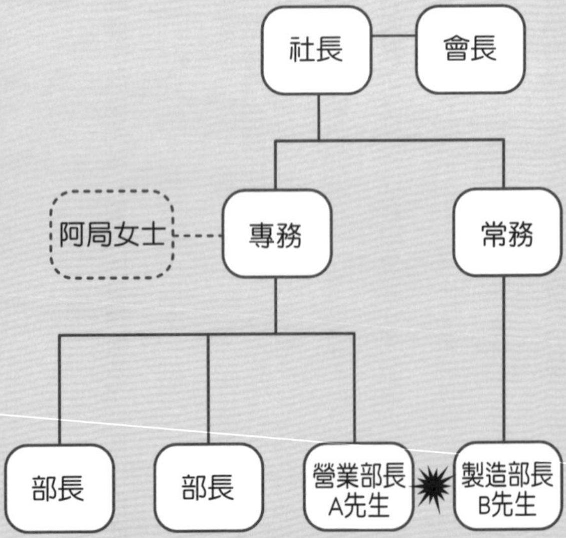

傾聽的自己也能掌握，對方也能用看的理解「啊，這個人的影響力還真大耶」。

當我們進行對話的時候，也可以適時指出問題。比如「會長不會對專務說什麼嗎」，像這樣透過提問拓寬思考，非常方便。

這麼一來，就能進一步幫助對方思考。

「有什麼事需要事先跟會長說比較好？」

「啊，對喔。若能事先說幾句話，我想會長應該就不會有什麼抱怨。在做什麼大事之前先說幾句話再開始行動，或許以後這樣比較好。」

依照這樣的感覺來進行思考整理。

(3) 抓不到重點時，就使用「心智圖」

心智圖是英國教育家東尼・博贊（Tony Buzan）所提出，是在全世界廣泛使用的構思法和筆記法。在提出創意和整理思路的時候經常使用。

說到思考整理，在前面介紹的四個步驟中，也有不使用三角形，而是以心智圖進行整理的方法。

首先，將四個步驟中的①標題寫在正中央。接著，將②現狀、③理想、④條件，按照順時針的方向，以放射狀寫在正中央的標題周圍。三百六十度拓展想像是關鍵。一般認為，以放射狀從中心進行書寫的方式，是遵循大腦的機制。

然後，將現狀、理想狀態及條件，想到什麼就寫下來，最終便得到以①的標題為中心，課題和解決方案分支出去不斷擴大的一張圖。

心智圖的好處在於不會因為抓不到重點而煩惱。

進入如何進行改善這類「條件」的話題之後，即使臨時又想到「啊，搞不好還有其他不同的理想」，也可以在空白處補充說明。

因為可以彈性補充，就算思考分散也不致於迷路。人類基本上不會一直線思考，而是來來回回重複偏離話題又再度拉回的過程，而心智圖可以幫助我們應對這種情況。

當對平時說話經常抓不到重點的人進行思考整理的時候，心智圖或許是不錯的工具。

對於不習慣心智圖的人來說，「一邊交談一邊將圖擴大似乎很困難」、「逐條列出關鍵字會

圖 5-4　有助於思考整理的圖解

（3）抓不到重點時，就使用「心智圖」

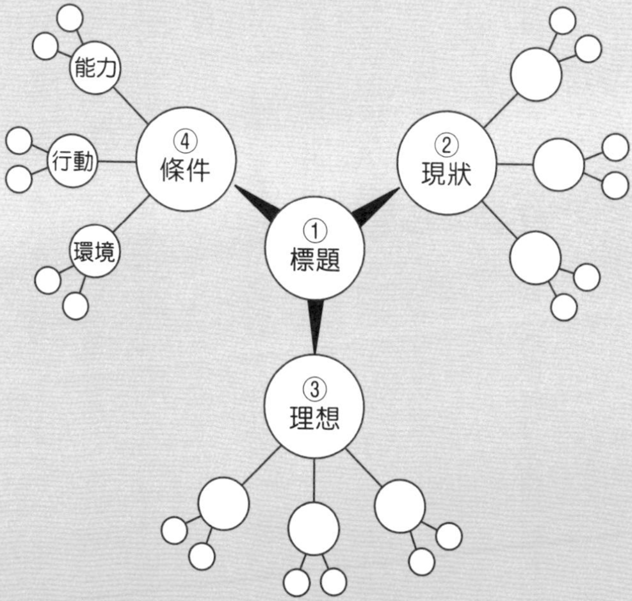

不會比較快？」也許有人會這麼想。

可是，如果逐條列出的話，之後想到的點子就不容易補充上去。

例如「我想在第三個關鍵字後面加上這個內容，但找不到空位」。

再加上，當情報量很大的時候，如果採取逐條列出的方式，就必須一條條閱讀，所以很難掌握全貌，也無法立刻掌握多條項目之間的關係。

此外，一旦採取逐條列出的方式，就會漸漸分成不同階層，往往會以為最初列出的項目等級比較高，但心智圖給人的感覺比較像是根據與中心圓的距離，讓人得以看出抽象度和具體度的層次（階層）。

整體的主從關係一目瞭然，所以很容易判斷該從什麼地方開始著手比較好。

心智圖既能用於解開各種事物糾纏在一起的煩惱，也在構思創意、整理複雜的工作順序等各種場合上使用。

在整理思路的過程中，如果對方因為「要做的事太多了，不知該從何下手」而煩惱的話，

不妨用心智圖來整理狀況。

若要說有什麼意外的地方，就是女兒找我商量「我想整理在大學遇到的課題」時，我使用這個方法受到她的感謝。

最近的大學似乎都會出一些社會方面的課題，女兒要寫的題目是「關於時尚和環境問題關係的報告」。

如何有效利用資源，將廢棄物減少到最低，如何思考這類社會趨勢與時尚之間的平衡，被問到這樣的問題，回答起來並不是那麼容易。

女兒也因為「該怎麼寫才好」而煩惱不已。

這時，我決定試著用心智圖來進行整理。

準備好筆記本，首先在正中央畫一個圓圈。試著在圓圈內寫下「時尚與環境問題的關係」的標題。

閱讀課題的文章，上面要求「閱讀某份報告並做三件事」。

首先，由於有「陳述報告的結論」的指示，因此在圓圈附近寫上「結論」和枝葉。此外還有「寫下優缺點」的指示，所以將優缺點的枝葉補上去。最後是「陳述自己的意見」，從正中央的圓圈延伸出枝葉，在上面加上「自己的意見」。

以這樣的感覺進行整理，我告訴女兒：「把各個項目逐條寫下來，用報告來做總結不就好了？」只見她笑逐顏開地說：「那樣的話應該沒問題！」

心智圖也能熟能生巧，總之不嘗試看看是學不會的。就算一開始寫得太多而變得亂七八糟，只要使用心智圖，就能對事情的全貌有大致的掌握，所以不要在意圖紙會變得有多亂，能寫就盡量寫吧。

(4) 想找出盲點時，就使用「矩陣圖」

矩陣圖是一種以縱軸和橫軸劃分，在四塊空間中分配重點的圖。**使用矩陣圖，看漏的盲點就會暴露出來。**

以職場工作來看，舉凡遇到「漏掉的市場可能在哪裡」、「這個產品的優勢在哪裡」、「該錄用什麼樣的人才會更合適」這類公司經營方面的煩惱，或者安排自己的工作優先順序時，矩陣圖都可以派上用場。

如果是私人生活的話，可以作為家人決定家事分擔的標準，想重新審視家庭支出時，只要製作生活費、教育費、貸款等家庭支出的矩陣圖，或許就能看見「辦了太多的卡，年費是一大負擔」等盲點。

「時間管理矩陣」是有效安排工作的著名工具。這個時間管理方式是由史蒂芬・柯維（Stephen Richards Covey）所提出，在他的著作《與成功有約：高效能人士的七個習慣》（天下文化出版）中，是將每天要處理的事情，以「緊急程度」和「重要程度」這兩個維度來分配任務（工作）。

順便一提，這本書中是將「不緊急但重要的工作」視為應該優先處理的「第二象限」。只要試著把自己負責的工作事項一一列出，再全部分配到四個象限內，或許就會發現「花了太多時間撰寫不緊急也不重要的報告書」這個盲點。大家不妨試著在自己的職場任務上嘗試這個方法。

圖 5-5　有助於整理思路的圖解

（4）想找出盲點時，就使用「矩陣圖」

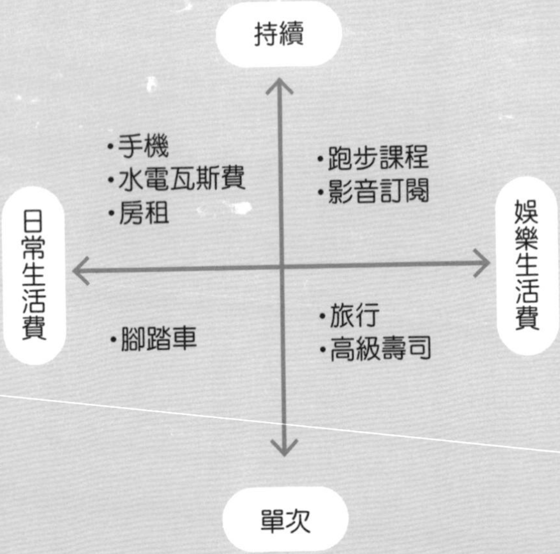

（家庭支出的矩陣圖）

(5) 想了解全體關係時，就使用「階層金字塔」

顧名思義，這是用金字塔來表示關係的圖。**當許多的要素混雜在一起而難以整理時，階層型金字塔圖可以幫助我們從視覺上掌握這些要素之間的關係。**

其中最著名的當屬呈現「馬斯洛需求五階段」的金字塔。另外，在表示身分制度的時候也經常使用這種圖。應該有不少人都看過用金字塔來表示醫療現場的「潛在危險」和重大事故之間關係的「海因里希法則」（Heinrichs Law）吧。

金字塔圖可以用於很多場面，例如表示步驟的階段，或是表示資格的一級、二級、三級的比例等。

舉例來說，假設諮詢對象是業務員，而對方「希望增加潛在客戶」的話，可以試著以瞄準什麼樣的目標來畫出金字塔。

金字塔的最底層是不考慮購買商品、沒有煩惱的人。

由下往上數第二層是不考慮購買商品、有煩惱的人。

金字塔的頂端是考慮購買商品、有煩惱的人。

這樣的話，接近哪一層就一目瞭然了。

我經常使用的是全球知名的行銷專家傑・亞伯拉罕（Jay Abraham）提出，將金字塔圖倒過來的「行銷漏斗」（Marketing Funnel）。

「行銷漏斗」是指透過吸引顧客的產品（前端）來聚集潛在客戶，透過教育產品（中端）來進行價值教育，透過獲利產品（後端）提供令人滿意的高附加價值服務，設計這一系列流程的圖。

我以諮詢顧問的身分獨立創業後的第一年、第二年、第五年、第七年、第十年……，透過展示我在每個階段是如何吸引顧客的圖，對於創造持續收入的商業模式時非常方便。

想了解詳細內容的讀者不妨閱讀拙著《諮詢顧問的教科書》（暫譯）中所介紹的內容。

到這裡為止一共介紹了五種圖，不需把這些圖想得太複雜，只要按照自己的方式簡單地把

圖5-6　有助於思考整理的圖解

（5）想了解全體關係時，就使用「階層金字塔」

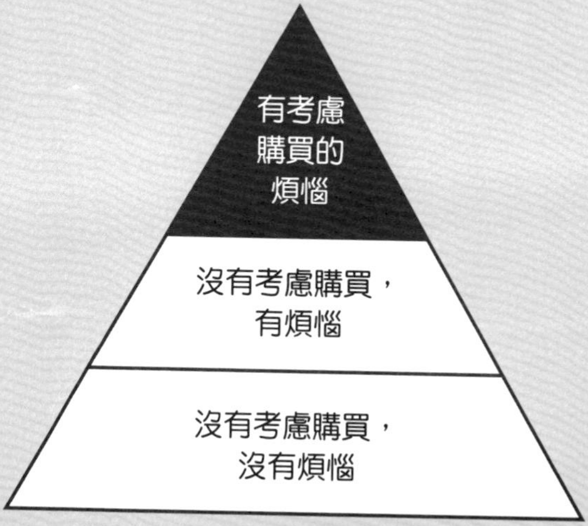

（潛在客戶的階層金字塔）

圖畫出來就夠了。舉例來說，如果這裡有三位登場人物，那麼我們只需要畫出三個圓，用線將其連成三角形，就能將關係「可視化」。

只要順利地加上圖解，雜亂的話題即可馬上整理得一清二楚，也能讓思考整理順利進行下去。希望大家務必體驗一下這種效果。

第6章

提高思考整理速度的「抽屜」增加方法

●只要堅持下去，任何人都能進步的「重點說話法」

各位聽過「一萬小時定律」這個名詞嗎？

這個理論認為，想要成為某個領域的專家，必須經過一萬小時的訓練和努力。出生於英國的前新聞記者麥爾坎・葛拉威爾（Malcolm Timothy Gladwell）在其著作《異數：超凡與平凡的界線在哪裡？》（時報出版）中介紹這個理論並積極推廣。

根據計算，如果每天練習八小時，一萬小時大約需要三年又五個月。

或許有人認為「要花那麼多時間啊」，但換個角度來看，任何人只要努力三、四年就能夠成為專家。

思考整理也是一樣。

我自己也是在諮詢現場不斷嘗試錯誤，最終才有能力整理對方（社長）的思路。不過，本書已整理好其中的精髓，讓閱讀這本書的讀者都不必那麼辛苦，就能以最短的時間和最快的速度掌握這些內容。

在第一章也曾提到，我一開始也曾在思考整理的入口處受挫。

「也就是說，社長您想表達的是這個意思嗎？」

「不，我不是這個意思。」

我試著將對方的話總結，卻總是得到這類否定的答案。

經過無數次的測試，我才開始清楚地理解到「原來是這個意思」。

然而，下次用在同樣的場合時，倘若遭到「不，不是這樣的」這樣的否定，那麼又能在那裡學到「原來這種情況下還有其他的模式啊」。如此不斷重複和累積，才得以在自己的心中增加許多抽屜。

在增加抽屜之前，接下來我將針對作為思考整理入口的「重點總結」加以說明，就能更巧妙總結對方的談話內容。

在思考整理的前半段，若不知道該如何拋出問題時，**一開始應該做的步驟就是像鸚鵡模仿人說話一樣重複對方所說的話。**

一般的鸚鵡學舌法是像下面的例子，直接把對方的話復述一遍：

「我現在的狀態非常辛苦。」

「真的很辛苦呢。」

雖然一開始這樣就可以了，但如果老是用「我和婆婆處得不好」、「妳和婆婆處得不好啊」這種方式複述的話，反而會讓對方難以說下去。

如果我們可以換個詞彙，比如：

「我和婆婆處得不好。」

「妳在煩惱和婆婆之間的關係啊。」

試著使用「煩惱」這類表達感情的詞彙。這樣一來，聽到對方回答「就是說啊」，就表示對方的積極度有了明顯的改變。

比起「事實」，在「情感」上獲得共鳴，會讓人類有種自己受到理解的感覺。

各位可以表達出幾個表示情感的詞彙呢？

高興、快樂、喜悅、悲傷、痛苦、憤怒……腦中應該會一口氣冒出這些基本詞彙吧。

此外，還有許多用來表示情感的詞彙，例如喜歡或討厭、沮喪、困擾、難受、變得積極、得意、驕傲、感動、煩惱、不爽、沮喪、內心澎湃等等。

只要學會運用這些詞彙，對方就會感覺「得到共鳴」而開始敞開心扉。

對我而言，這是一個巨大的發現。

只是複述情感的鸚鵡模仿固然能讓對方敞開心扉，但如果能再加上某些細節，整理思路就會比想像中更加來得順利。

那就是「感情＋中心球瓶的鸚鵡模仿」。我將其命名為「摘要的鸚鵡模仿」。

「我和婆婆處得不好，關係很糟。」

「請問是什麼地方處得不好呢？」

「婆婆常常在無預警的情況下突然跑到家裡來。有時是好不容易哄孩子睡著的時候，有時是我累了想小睡一會的時候，卻又不得不招呼跑來家裡的婆婆……。要是家裡亂糟糟的話，她還會唸『待在家裡一整天，為什麼沒有收拾乾淨』。就算我告訴她『起碼過來之前通知一聲』，她也不聽。」

「原來如此，妳不喜歡婆婆一聲不響就跑來啊。」

最後一句話就是摘要的鸚鵡模仿。

從對方的話中，可以感受到她的困擾。對方所煩惱的中心球瓶是婆婆沒有通知一聲就跑來家裡。

我只是把這兩個要素凝聚起來，結合在一起傳達而已。

只要能做到這一點，對方就會一個接一個地說出自己的想法。如果進行鸚鵡模仿時只是像「原來如此，那還真是辛苦」這樣把情感複述出來，會讓人覺得像在當成別人家的事。雖然

圖6-1　在整理思路的入口很有效的
「摘要的鸚鵡模仿」

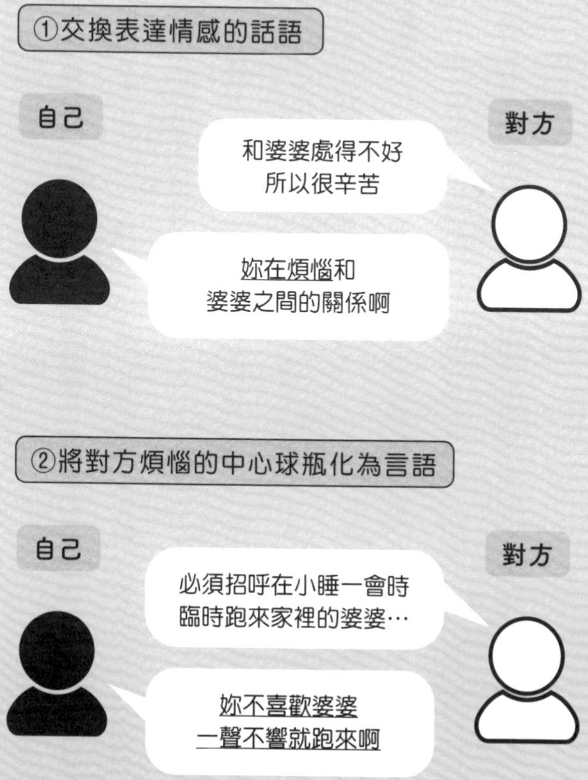
①交換表達情感的話語
自己
對方
和婆婆處得不好
所以很辛苦
妳在煩惱和
婆婆之間的關係啊
②將對方煩惱的中心球瓶化為言語
自己
對方
必須招呼在小睡一會時
臨時跑來家裡的婆婆…
妳不喜歡婆婆
一聲不響就跑來啊

對方仍會適當地告訴你一些事，但還不至於將心事全盤托出。

實際上，**整理思路的時候，大部分只要用鸚鵡模仿的方式就能蒙混過去。**

舉例來說，有位患者對前一位牙醫的診治意見有疑慮，而到另一家診所二次諮詢。

「我常看的牙醫都會立刻把蛀牙挖掉，就算只有稍微變成褐色也會挖掉，這使我不禁納悶『真的有必要做到這樣嗎？』。所以我決定作為第二意見過來檢查看看。」

「是這樣啊。您是對前面的牙醫一直以來的治療方針感到不安啊。」

光是這樣就足夠了。

從對方的談話內容中，我們可以知道對方對挖掉蛀牙的治療方針心存疑問（中心球瓶）及感到不安（情感），所以只要把這些化為言語表達出來，就能將「我在聽你說話」這件事傳達給對方。或是縮短成更簡潔的「這的確會讓人感到不安吧」，也就是直接以情感作為中心球瓶來表達。

不過，當對方的話變得複雜時，即使進行摘要的鸚鵡模仿，對方也可能會因為偏離主題而脫口說出：「呃，不是這個意思。」

一開始就來個十打數一安打，打擊率只有一成當然會很失望吧。但是，即便是這樣的打擊率，只要上場打擊一百次，也能成功十次。

另一方面，成功率會從一〇%慢慢上升到一五%，在某個時期開始往上飆升。重複這樣的過程，整理思路的能力就會提高。

首先可以試著對家人、朋友或周圍的人做做看。

我所開辦的諮詢顧問培訓班，會給學生出功課，讓學生以小組的形式實際演練思考整理。每組會以兩人一組的方式，輪流扮演諮詢顧問和客戶的角色各三十分鐘，共計六十分鐘。這門培訓班是為期六個月的課程，假設班上有三十位學生的話，每位學生每個月就要以五個人為對象進行思考整理。

為了訓練到能夠憑直覺掌握一定程度的技能，最好事先設定一個目標次數。像我就會告訴學生，以一個月為期限，要和十個人進行思考整理。這樣的話，便能夠切身感受到整理思路的四個步驟的流程。

其次是三十人。有了三十個人的經驗之後，就能體驗到各式各樣的變化，包括有反應的人和沒反應的人，肯定的人和否定的人，範圍也會隨之變廣。

接下來建議以一年以內達到一百人為目標。只要有一百人的經驗，不僅能熟練掌握，也能拓展各種案例研究的範圍，並增加自信。

如果沒有這樣的練習量，在正式的諮詢現場是很難整理思路的。即使練習了那麼多的量，到了正式諮詢的時候，應該也會出現意料之外的反應而頓時不知所措。

即便如此，若能順利整理對方的思路，讓對方感到高興的話，就能體會到至今為止的辛苦都煙消雲散的成就感。請各位試著慢慢習慣駕馭吧。

此外，不光整理思路，基本上溝通一開始都是「量比質重要」。

上口語課程學會完美的說話方式，不代表這樣就能和他人溝通，每天盡可能在意識「形式」的同時與他人交流，哪怕是一點一滴的累積，溝通技巧也會大大提升。

●打造腦袋放空自如的系統

舉例來說，被委派主持會議的年輕主管，在聽取成員發言的過程中，光是記住耳朵聽到的情報就來不及了，更別提是否聽清楚眼前的內容，像這樣的情況並不罕見。

也就是說，在這種情況下無法集中精神聽對方說話。那麼該怎麼做比較好呢？**我建議在聆聽的同時，利用本書介紹的心智圖筆記法將關鍵字記錄下來。**

這樣的話，**即使忘記說話的內容，只需看一眼筆記就可以了，沒有必要硬記在腦子內，大腦也有餘裕得以充分運轉。**

在開會、談生意這類重要的商務場合，大家應該都會做筆記吧。但是，在私下傾訴煩惱等場合時，是不是就不做筆記了呢？

在思考整理中，將聽到的情報寫在由四個步驟組成的三角形圖上，就是做筆記。

只要做筆記，自然就能集中精神聽對方說話，不會昏昏欲睡。做筆記時必須迅速整理對方所說的內容並寫下來，因此需要運用比想像中更高的技巧，可想而知得花費大量的腦力。

對方的話也比較容易留在記憶中。此外，和對方一起用眼睛共享情報，就能讓對話順利進行，所以邊做筆記邊集中精神在對話上，可說是巧妙進行思考整理的最強技巧。

聆聽對方的話，腦中不停思考著：「要是在這種情況下能舉出實例故事就好了。呃，上次在雜誌看到的有用小故事是什麼內容來著？」就很有可能漏聽重要的內容。

因此，進行思考整理的時候，最好「全神貫注」在對方身上。

把注意力集中在眼前對方的話和表情、聲音、動作上，基本上完全不去想其他的事情。

要做到這一點，大前提是將腦袋放空。

如前面提到的，我將案例故事存放在Evernote中（參照第四章），這也是為了把腦袋放空。因為**只要保存下來，之後還能回頭重看，可以放心地將這些內容忘掉。**

如果想「記在腦中留待下次面談時使用」的話，那麼在進入面談之前，就會在腦中不斷反芻這些情報；在聆聽對方說話的時候不斷尋找拿出來引用的時機，我不認為這樣有辦法集中精神聽對方說話。

因此，我會使用Evernote、筆記本、素描本等所有工具來保存各式各樣的情報。記錄在諮詢現場或私下對誰說了什麼、從對方口中聽到了什麼等內容。

「可是，就算把情報保存下來，一旦忘記也不能用吧？」

讀到這裡，可能有人會對此感到不解。

為了記住，輸出是最好的方法。

如果在雜誌上看到一些有趣的小故事，當天不妨找時間告訴家人或朋友：「那位稻盛和夫先生在採訪中說過這樣的話耶。」

因為自己講過的內容比較容易留在記憶中，重複幾次之後就會慢慢記住，最終就能在派上用場的時候想起案例故事。

因此，若能事先在某個地方說出來並輸出的話，就會比較容易留在記憶當中。

真正意義上的「記住」並不是記憶。記憶和回憶，兩者互為一對。換言之，唯有做到「通過回想記憶的內容，可以隨時提取出來的狀態」，才能真正地稱之為「記住」。

因此，光有輸入還不夠，必須與輸出成對，否則好不容易收集到的情報也無法變成有用的東西。

就這一點來說，在推特、臉書等社交網站上發布自己感興趣的情報，這也是輸出的一種。

我一般會將保存下來的情報寫在電子雜誌、臉書、內容網站上發布，透過這個過程將內容留在記憶當中。

這樣一來，平時輸出的情報就會儲存在記憶深處，在整理思路的重要場面，就會一下子浮現出來。

我在以前的書中也曾提到過，飛躍性成功的祕訣在於「**先輸出，後輸入**」。

另外，如果先準備好輸出端再進行輸入的話，情報就不會堆積，而是會逐漸減少，這樣就能經常獲取新的情報。

各位周遭應該都有總是重複相同的話的人吧。為了避免這種情況，我們可以先設想好輸出的目標再進行輸入，這樣情報就會不斷更新下去。

如果每次整理思路都說同樣的話，或許會讓人覺得「又是這件事？你該不會沒認真聽我說吧？」案例故事也要在實踐中不斷使用，吸收並更新新的情報。

●透過一行動三目標，思考「幸福的最大化」

讀到這裡，如果各位想試著幫別人整理思路，那就馬上付諸行動吧。這裡再次強調，思考整理是一邊實踐一邊磨練的技術。總之，先累積經驗吧。

最後向各位介紹一下我的座右銘，亦即「一行動三目標」的觀念。

這是針對一個行動預先設定三個不同角度的目標，使效率提升三倍的習慣。我也是以這樣的態度來進行思考整理。

本書提出的思考整理術目標為以下三個。

1. **通過解決對方心中的煩惱，使對方的幸福最大化**
2. **提高自己的溝通技巧，建立自信**
3. **獲得對方的信任，改善彼此的關係**

專業的思考整理術不僅能一舉兩得，甚至能一舉三得。

重要的是，唯有實現第一個目標「對方的幸福最大化」，才能獲得第二個和第三個目標。

倘若只考慮自己的利益，就無法順利整理對方的思路。

通過聚焦對方幸福的最大化，即可獲得第三個目標。

為了實現一行動三目標，調整好自己的心態非常重要。

例如，才剛被上司訓過一頓，結果後輩隨即要求「希望能坐下來談談」，自己光要恢復平靜就已經費盡全力了，根本無暇顧及這些事。如果自己沒有餘裕聆聽對方的話，就無法順利進行思考整理。

揣度也好，顧慮也罷，讓人感到疲憊的最主要原因，其實只是考慮自己的利益或為了明哲

圖6-2　透過思考整理實現的「1行動3目標」

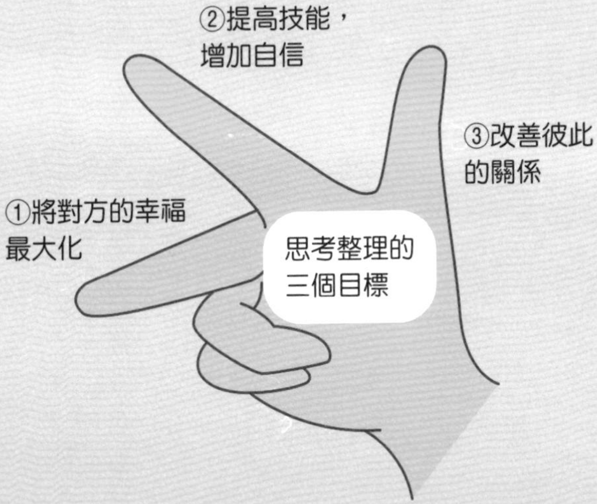

保身。如果以「為了對方而利用現在這段時間」的利他精神採取行動的話，就會比以前更不容易疲勞。

希望大家能在相信對方的可能性的基礎上進行思考整理，這就是我的心願。其結果就是人際關係改善，大家不會感到疲憊，不僅對方，自己也能獲得最大的幸福。

後記

要知道，當對方說「告訴我」的時候，
並不是想讓你告訴他，而是希望你能讓他豁然開朗。

我在二十七歲以諮詢顧問的身分開始獨立創業之初，當時心中存在一個很大的誤解。

當時遇到的社長客戶，總是把「『希望你能告訴我』怎樣才能提高營業額」、「『希望你能告訴我』怎樣才能培養人才」這些話掛在嘴邊，害老實的我誤以為對方一定是希望我「告訴他正確答案」。

但弔詭的是，如果按照對方所說，「告訴」他們我所知道的正確答案（或者該說，是自以為正確的答案），非但不會讓對方高興，反而會引來激烈的辯駁。

「你對我們這個行業有多少了解？」

「你對我們公司有多少了解？」

「憑你這點經驗還敢提出建議！」

甚至還有人沒來由地奚落我的職業：「我以前也僱用過諮詢顧問，可是他把公司內部攪得一團糟之後，就拍拍屁股走人了。」

有一段時間，我雖然對這種蠻不講理的抨擊感到十分懊惱，但同時我又這麼想。

「的確，在這個經濟成熟、重視多樣性的時代，真的會有經營的正確答案嗎？要給出一個連是否唯一且正確都存疑的答案顯然是不可能的。最起碼，如果不能正確掌握眼前諮詢對象的狀況，那又怎麼可能知道該怎麼做呢？」

通過這樣的經驗累積，我學到一個非常重要的觀念，那就是——別人找我商量、尋求協助的時候，不能將對方所說的話照單全收。重要的是，把這段對話當作入口，試圖掌握其中的真意，並且正確地整理對方所處狀況。

在這個充滿不確定和多樣性的時代，本書所介紹的專業思考整理術，已然是每個人愈來愈不可或缺的技巧。不只是公司經營，在業務處理、教導部署、職業規劃、育兒、左鄰右舍交流來往等，人生的各種場景中都能派上用場，這也是本書一再強調的特性。

思考整理的技能非常簡單，既能解決自己的煩惱，也可以轉換為幫助客戶、工作夥伴、朋友、家人等重要之人解決煩惱的工具，發揮最大的影響力。各位只要試著做做看就會明白，對方一開始先是陰沉著臉，突然露出撥雲見日的神情，兩眼閃閃發亮。

「和你談話後，心中的煩惱都一掃而空了，我會試試看！」

這類獲得感謝回饋的體驗，無論從事顧問工作多少年，仍讓我感到開心和感動。

像這樣，思考整理術能夠讓無論是思考的一方，還是協助思考的一方，都能一起快樂地進行，也能培養彼此的關係。成為被整理思路的一方時，有時反而能清晰看見如何順利推展的方向。

最後，正如我在之前出版的書籍所傳達的，我的願望是實現自我願景的同時，支持夥伴和客戶實現願景，將個人影響力的範圍盡可能最大化。

希望本書介紹的思考整理術，能藉助大家之力，在生活中實踐而廣為流傳。希望有愈來愈多的人能以「願景引導生活」為志向，共同創造一個充滿期待的世界。

非常感謝大家能閱讀到最後。

願景夥伴　和仁達也

【作者介紹】

和仁達也

◉——1972年出生。支援經營者的願景和金錢方面的煩惱，以「專業的思考整理術」為武器的願景夥伴。現為Wani管理顧問公司的代表董事，是獨立諮詢顧問「範本」般的存在。

◉——從月薪25萬日圓的會計顧問公司起步，27歲獨立創業，搖身一變成為管理顧問。從月費15萬日圓的顧問契約起步，現在已是年薪輕鬆超過3000萬日圓的人氣諮詢顧問。每份顧問契約的持續實績平均為9～12年，最長達20年，因此吸引想獲得高額報酬、持續長期契約，或是想學習「思考整理術」的諮詢顧問蜂擁而來，培訓班和集訓的報名人數每每大爆滿。2015年1月，創立一般社團法人「日本現金流教練協會」，任代表理事至今。

◉——代表著作有《超強的財報・會計故事書》、《懂20％的財務資料，我就是最會賺錢的人》（以上皆大樂文化出版）等書。

解決問題，先從理出盲點開始！

出　　版／楓葉社文化事業有限公司
地　　址／新北市板橋區信義路163巷3號10樓
郵政劃撥／19907596　楓書坊文化出版社
網　　址／www.maplebook.com.tw
電　　話／02-2957-6096
傳　　真／02-2957-6435
作　　者／和仁達也
翻　　譯／趙鴻龍
責任編輯／江婉瑄
內文排版／洪浩剛
校　　對／邱鈺萱
港澳經銷／泛華發行代理有限公司
定　　價／360元
初版日期／2023年3月

國家圖書館出版品預行編目資料

解決問題，先從理出盲點開始！ / 和仁達也作；趙鴻龍譯. -- 初版. -- 新北市：楓葉社文化事業有限公司, 2023.03　面；　公分

ISBN 978-986-370-513-0（平裝）

1. 思考　2. 思維方法

176.4　　111022486